KB241053

부자로 나이드는 재테크 60

부자로 나이드는 재테크 60

● 박정일 지음

의학발달로 인해 평균수명이 갈수록 늘어나는 반면, 조기정년이라는 사회문제는 현재로선 더 이상 해법을 찾을 수 없을 정도로 심각하고 가속화되고 있다. 1년 전에는 '사오정(45세 정년)' 이라는 말이 유행이었지만 그것도 오래 가지 못했다. 곧이어 '삼팔선(38세 정년이면 선방)' 에게 자리를 내줬다. '오륙도(56세까지 직장 다니면 도둑)' 라는 푸념은 술자리에서도 더 이상 신선한 메뉴가 되지 못한다.

청년실업은 급증하고, 설사 20대에 하늘의 별을 따듯 직장을 구했더라도 30대부터는 벌써 구조조정에 떨고, 40대에 조기퇴직을 걱정해야 하는 시대가 되었다. 앞으로 살아갈 날이 살아온 날만큼 먼 상태에서 사회적 사망선고를 너무 빨리 받고 있는 셈이다. 직장을 그만두라는 사회적 압력은 이처럼 죽음이나 치명적 질병보다 너무 빨리 찾아오고 있다.

이제 노후를 대비한 준비는 선택이 아닌 필수가 되었다. 하지만 아쉽게도 우리나라 국민 10명 중 7명 이상이 노후를 준비하지 않고 있다고 한다. 노후대책이 없는 상태에서 하루하루를 보내는 것은 정말 위험한 생각이다. 인생은 항해에 비유될 수 있다. 준비없이 떠난 배는 목표한 곳까지 안전하게 항해할 수 없다. 또한 그 배에 타고 있는 사람들은 멀미를 하게 된다. 멀미를 하지 않고 정상적인 항해를 하기 위해서는 어떻게 해야 할까? 여러분들이 더 잘 알 것이다.

'人生은 一場春夢' 이라거나 '당장 먹고 살기도 바쁜데' 라는 면피성 발언은 이제 그만두라. '든든한 자식 새끼 하나면 된다' 거나 '노후문제는 사회문제이므로 정부가 나설 것' 이라는 기대섞인 해석도 하지 마라. 물론 과거에는 자식을 잘 키우는 것만으로도 노후가 보장되었다. 자식을 여러 명 낳았기 때문에 설사 하나가 모시지 않아도 다른 자식이 부모를 먹여 살렸기 때문이다. 그러나 지금 한국사회는 세계 제1위의 낮은 출산율과 세계 제2위의 이혼율로 가장 신성시되던 가정

마저 붕괴 직전에 있다.

유일한 희망이었던 국민연금으로 노후준비를 마쳤다고 말하지 마라. 최저생계비도 안되는 국민연금으로는 노후대책이 될 수 없다. 국민연금 수령액도 앞으로 줄면 줄었지 늘지는 않을 것이다. 지금과 같이 연금보험료를 적게 내고 많이 타가는 수급구조 하에서는 국민연금이 바닥을 보일 수 밖에 없기 때문이다.

그렇다고 내 자신의 노후를 대박이나 행운에만 의존할 것인가? 가급적 빨리 그리고 지금 당장 구체적(목표 금액 · 기간 등 숫자로 표시)으로 준비해야 한다. 이 책은 인생 제2막인 노후를 준비하고자 하는 직장인 등 보통사람들에게 조그마한 보탬이 되었으면 해서 기획된 책이다. 곁에 두고 활용하여 노후를 위한 아이디어 하나라도 얻었으면 하는 것이 필자의 소박한 바람이다.

삶이란 시작이 있고 마무리가 있으며 끝이 있기 마련이다. 인생의 시작과 끝의 화려함 여부는 자신이 맘대로 할 수 없는 창조주의 것이나, 마무리(노후)는 자신의 노력에 달려 있다. 활짝 핀 꽃처럼 가장 화려했던 젊은 날보다도 끝자락을 앞둔 하루하루(노년)를 더 아름답게 그리고 은은하게 꽃을 피울 수 있도록 지금부터 준비하자.

마지막으로 신년 초 가슴에 꼭 담아 두어야 할 노후준비 화두가 있다. "일찍 일어난 새가 벌레를 잡을 수 있다. 큰 부자는 하늘이 낳지만, 작은 부자는 노력이 낳는다." 평범한 말이지만 바로 이것이 진리가 아닐까!

2004년 1월

박 정 일

4 2050세대 돈 관리법_장동희

노후대책, 첫 단추 꿰기

1 노후대책, 첫단추 꿰기

"은퇴한 백발의 노인이 텅빈 거리의 벤치에 홀로 앉아 물끄러미 바람에 날려 흩어지는 낙엽을 바라보고 있다. 집에는 자식이나 친구 중 누구 하나 찾아오는 이가 없어 썰렁할 뿐이다." 이 장면은 저조한 출산율, 고령인구의 증가로 빚어지는 서구사회의 한 단면이자 우리에게 조만간 닥칠 미래의 한 모습이다.

우리나라의 출산율은 낮은 순으로, 고령화 속도는 높은 순으로 세세 제1위라는 사실을 알고 있는가? 만약 당신이 늙어 병들고 돈마저 떨어진 노인이 된다면 친구들은 물론 가족들에게도 환영받지 못할 것이다.

초라한 노인이 아닌 당당한 노인이 되기 위해서는 젊었을 때부터 준비해야 최종 목적지인 풍요로운 노후에 성공적으로 도착할 수 있다. 만약 준비없이 무작정 떠난다면 그 배는 목표한 곳까지 안전하게 항해할 수 없으며, 그 배에 타고 있는 사람들은 멀미를 하게 된다. 멀미를 하지 않고 정상적인 항해를 하기 위해서는 노후를 위한 첫단추를 잘 꿰는 것이 무엇보다 중요하다.

노후준비, 당신의 몫이다 *1*

앞에서 보여진 상황은 당신이 노후준비를 하지 않으면 안 되는 당위성을 보여준다. 평균수명은 갈수록 늘어나는데, 노후를 위한 환경은 악화되고 있는 실정이다. 한국인의 평균수명(2001년 현재)은 남성 72.8세, 여성 84.8세다. 한국은 경제협력개발기구(OECD) 국가 중에서 노령화 속도 1위를 차지하고 있다. 65세 이상 노령 인구가 이미 전체 인구의 7%를 넘어 고령화사회로 진입하였다. 2019년에는 전체 인구의 15%(14% 이상이면 고령사회로 부른다), 2026년에는 20%(초고령사회)를 넘어설 것이다. 이것은 그만큼 대한민국 사회가 늙어가고 있음을 의미한다.

20년 벌어 40년 살아야

급속한 고령화에 따른 노후대비 설계의 필요성은 아무리 강조해도 지나치지 않다. 자신의 노후를 자기 스스로 책임져야 하는 요즘의 직장인들은 퇴직연령이 점차 낮아지는 반면, 평균수명이 계속 늘어나기 때문에 겨우 20년 벌어 인생 후반부 40년을 살아야 하는 절박한 세대들인 것이다. 즉, 전체 인생에서 돈벌이를 할 수 있는 기간은 짧아지는데 반해 돈을 쓰기만 하는 기간은 더욱 늘어나고 있는 셈이다. 그러니 건강을 유지하고 돈을 벌 수 있을 때 미리미리 노후를 대비하지 않는다면 늙어서 크게 후회하게 될 것은 분명하다.

직장인 체감 정년 36.5세 —노후 대비 암담

온라인 채용 정보 업체인 잡링크에서 최근 직장인 3,126명을 대상으로 설문 조사를 실시한 결과를 보자. 응답자들이 느끼는 체감 정년은 평균 36.5세이다. 반면에 적절한 정년퇴직 연령으로는 51.7%가 65세라고 답해 체감 정년과 무려 30년 가까이 차이가 났다. 또 다른 자료에 의하면, 권고사직이나 정리해고를 당하는 40~50대가 한 해 평균 12만 명에 달하며 이중 40대가 62%를 차지하는 것으로 나타났다. 노동부 자료에 의하면, 작년에 퇴직한 임금 근로자 1,000명 중 4명만이 직장에서 마지막까지 살아남아 정년퇴직한 것으로 나타났다. 이 통계에는 공무원이나 공공기관 근로자도 포함되어 있기 때문에 일반 민간기업에서 정년까지 간다는 것은 사실상 현실적으로 불가능하다 하겠다.

우울한 소식 하나 더. 얼마전까지 시중의 화두로 등장하던 '오륙도(56세까지 회사에 있으면 도둑)' '사오정(45세에 정년)' 이라는 단어는 벌써 옛말이 되어가고 있다. 명예퇴직이나 희망퇴직이 30대까지 내려오면서 이제는 '삼팔선(38세)' 이라는 단어가 유행하고 있다. 직장에서 막 과장으로 진급한 30대가 퇴출위기에 내몰리는 상황은 그 누구도 예상하지 못한 것이었지만, 엄연한 현실로 다가온 것이다. 1998~2002년 실업급여를 신청한 167만 명 가운데 30대가 가장 많은 29.6%(49만 명)를 차지해 40대(21.1%)를 앞질렀다. 실업급여 신청자격이 정리해고와 권고사직, 회사의 도산과 폐업 등이라는 점을 감안할 때, 30대 직장인이 가장 우울한 위기의 세대가 되어가고 있음을 보여주고 있다.

지금은 대학을 우수한 성적으로 나와도 취업하기 힘든 세상이다. 얼마전 KT의 신입사원 지원 접수결과 국내 공인회계사 자격증 소지자 162명, 미국공인회계사(AICPA) 자격증 소지자 96명 등 모두 258명의 공인회계사가 사무직 신입사원 채용에 몰렸다. 세무사 자격증 소지자도 17명이나 지원했다. 전체 신입 사무직 지원자 8,340명 가운데 회계사가 차지하는 비중은 3%를 넘었다. 신입사원의 경우 사무직 56 대 1, 연구직 86 대 1, 석·박사학위 소지자는 1,432명이나 됐다.

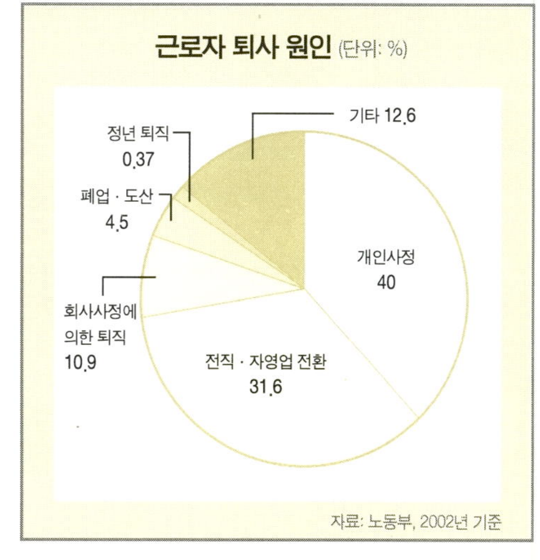

평생직장은 없다

평생직장은 이제 없다. 사회가 빠르게 변하면서 20대에 하늘의 별을 따듯 직장을 구했더라도 3040세대는 벌써 구조조정에 떨고, 조기퇴직을 걱정해야 하는 시대가 된 것이다. '고용안정' 의 대명사였던 은행원이나 공무원마저도 고용불안에 시달리고 있는 지 이미 오래다. 이제 직장인은 선택의 기로에 놓였다. 앞으로 몇십 년 동안 먹고 살 만큼 부자가 되는 길을 찾든지, 아니면 다른 사람보다 몇 년이라도 더 오래 직장생활을 할 수 있을 정도로 회사에서 성공하는 길을 찾아야 한다.

모아둔 재산이 없다면 유일한 선택은 '직장' 뿐인데, 회사에서 몇 년 또는 몇십 년 연장근무를 보장받는 직장인은 극소수에 불과하다. 정부는 기업 경쟁력 제고라는 이유로 인력감축을 모르는 척 묵인하고, 기업은 구조조정이라는 명목으로 사람을 무 자르듯 잘라댄다. 회사가 언제 없어질 지 모르고, 잘 나가는 직장에 다니고 있더라도 언제 자리를 비우라는 압력을 받게 될 지 알 수 없다. 한마디로 불완전 고용이 고착화되고 있는 셈이다. 이제 정년퇴직이라는 말은 구석기 시대 유물처럼 기억 속에서만 아득하게 남아 있다.

'평생직장' 은 사라졌고 '평생직업' 만 남아 있는 시대가 되었다. 이제 어떤 조직 안에 묻혀 거기서 은퇴할 때까지 머물겠다는 생각은 아예 버려야 한다. 조직이 탄탄하지도 않고 그런 조직도 없다. 그래도 직장인이면 자영업자에 비해 한 구석 믿었던 것이 바로 퇴직금이다. 그러나 퇴직금으로 노후를 준비한다는 것만큼 어리석은 일도 없다. 정년퇴직할 때까지 직장에 다니는 경우 돈 몇 푼 챙길 수 있었지만, 위에서의 통계와 같이 정년퇴직하는 사람들은 천연기념물이라고 할 정도로 극소수 사람들뿐이다.

평생직장이 없어진 지금, 퇴직금은 무의미하며 또한 중간정산이다 뭐다 해서 허울뿐인 존재가 되었다. 노후를 미리 준비한답시고 퇴직금 중간정산을 받아 무작정 사업을 시작하거나 주식투자로 대박을 노려 준비없이 덤벼들었다가 실패를 하는 일도 허다하다. 혹 수억 원의 거액을 퇴직금으로 받았다 하더라도, 그 이자로 노후를 보내겠다는 생각은 일찌감치 버리는 것이 좋다. 당신이 받는 퇴직금은 지금의 금리수준을 감안하면 과거에 선배들이 받았던 퇴직금의 1/3에도 미치지 못하는 소액에 불과하다.

노후, 진정 대안은 없는가?

이처럼 불안한 우리의 미래, 대안은 없는 것일까? 있다. 위기는 기회라는 말처럼, 다른 사람들과 차별화된 능력이 있고 노력한다면 오히려 더 많은 기회가 당신을 기다리고 있다. 현재 구직자들은 직장을 구하는 데 많은 어려움을 겪고 있고 많은 사람들이 퇴출당하고 있지만, 기업의 인사담당자들은 쓸만한 사람들이 없다고 아우성친다.

어느 날 갑자기 퇴직을 당했을 때, 할일이 없는 상황을 맞지 않기 위해서는 지금부터 준비해야 한다. 무방비 상태로 '인생 1막'에서 강제 퇴장당하는 사태를 막기 위해서는 적극적으로 두 번째 인생, 즉 '인생 2막'을 준비해야 하는 것이다. 회사라는 울타리를 나와서 혼자가 된 후에는 2막의 준비가 어렵고 두렵다. 혼자 몸을 세운다는 것은 여간 힘든 일이 아니다. 여러 사람이 나누어 일을 하고 책임 또한 나누어 부담하던 조직의 일원에서, 혼자 생각하고 혼자 결정해야 하고 홀로 책임져야 하는 홀홀단신의 상황이 되면 모든 것이 익숙하지 않고 불안해서 확신이 잘 서지 않는다. 등 떠밀려 나오느니 나와야 할 때가 언제인지 잘 알고 미리 나오는 것도 하나의 방법이라는 얘기다.

안락한 노후를 보내겠다는 일념 아래, 몸이 어떻게 망가지더라도 돈만 모으면 된다는 생각은 아주 위험한 발상이다. 돈이 아무리 풍족해도 건강하지 못하다면 젊었을 때의 고생이 헛수고가 되고 말 것이다. 건강이 제1의 사업밑천이라는 사실은 어느 누구도 부인하기 어렵고, 건강에 대한 그 중요성은 아무리 강조해도 지나치지 않는 법이다. 과거에는 과중한 업무로 건강에 문제가 생겨도 어쩔 수 없다고 생각했었던 적도 있었다. 그러나 최근엔 최상의 건강상태에서 젊음과 활력을 유지하는 게 경쟁사회를 살아가는 데 중요한 자산이며, 또한 금전적으로도 이득이라고 생각하는 쪽으로 마인드가 전환되고 있다. 건강의 경제학을 돈을 버는 재테크에 비유해 '헬스테크'라고도 할 수 있다.

저축을 일찍 시작하면 할수록 유리하듯이, 건강도 젊었을 때부터 저축해야 한다. 나중에 몸이 망가진 후 건강관리에 나서면 회복되기도 쉽지 않고 들어가는 돈과 시간도 크게 늘어나기 때문이다.

16

생존을 위한 **10**계명

1_시장 트렌드를 재빨리 읽고 변신하라.

2_인맥을 넓혀라.

3_아침형 인간이 되라.

4_많은 책을 읽고, 다양한 간접경험을 쌓아라.

5_직장이라는 한 종목에만 집중투자하지 마라.

6_술집보다 헬스클럽으로 달려가라.

7_집에 있는 텔레비전을 당장 치워라.

8_돈되는 일을 찾아라.

9_사무직보다는 영업직으로 뛰어라.

10_위험을 회피하지 말고 관리하라.

자식이 노후대책이라는 순진한 생각은 버려라

세태가 이렇게 변해도 자식 농사 잘 지으면 노후를 보장받을 수 있다고? 절대 그럴 리 없다. 그런 꿈은 일찍 버리는 것이 좋다. 우리나라 출산율은 1960년 6명, 1970년 4.54명, 지금은 1.17명에 불과하다. 낮은 출산율만의 문제가 아니다. 추석 같은 명절 때 가족과 함께 고향을 찾아 내려가는 귀성객의 주축인 지금의 30~40대가 '민족 대이동'을 연출하는 마지막 세대가 될 것이 분명하다. 집안(家)의 울타리 안에서 안온함을 나눌 수 있는 피붙이의 절대부족은 이미 예고된 현상이라 하겠다. 요즈음 자식들의 부모에 대한 불효(孝)를 엿볼 수 있는 하나의 구체적인 예를 보면 더욱 명확해질 것이다. 몇 년 전 서울에 있는 한 여자대학 졸업반 학생들을 대상으로 '내가 결혼해서 살고 싶은 스위트 홈' 의 구조를 그려보라는 조사가 있었다. 학생들은 침실, 의상실, 거실, 아이들 방, 심지어 장난삼아 개밥그릇까지 그려놓았지만, 그 어느 누구도 부모님이 계실 방은 그리지 않았다. 어쩔 수 없이 부모님을 모셔야 한다면 모르지만, 요즘 젊은 사람들이 진정으로 원하는 '마이 스위트 홈' 에 부모님의 존재는 없다.

물론 옛날에는 자식 낳아 기르는 것이 최고의 노후준비였다. 자식을 낳아 먹이고, 입히고, 교육시켜 놓으면 자라서 부모를 봉양하는 것은 당연한 일이었다. 그러나 요즈음 많은 수의 자식들은 부모를 모시기는커녕 자기들조차 먹고살기 힘들다고 아우성이다. 자기 자식들에게는 수백만 원을 들여 보약을 먹이고 과외 공부를 시키면서도 부모한테는 단돈 10만 원짜리 보약을 짓는 데도 이리저리 따지고 인색하게 구는 사람들도 있다. 아무리 내리사랑이라는 말이 있다지만 말이다. 자식 하나 잘 키워놓으면 자식 덕에 손자 재롱 보면서 노후를 편하게 보낼 수 있으리라던 희망은 먼 옛날의 일로 사라져버렸다. 자녀의존형 노후를 준비해서는 안 된다는 엄중한 경고인 셈이다. 평생 벌어 자식에게 바치고 자신은 늙어서 알몸이 된다면 자식에 대한 허전함, 배신감, 외

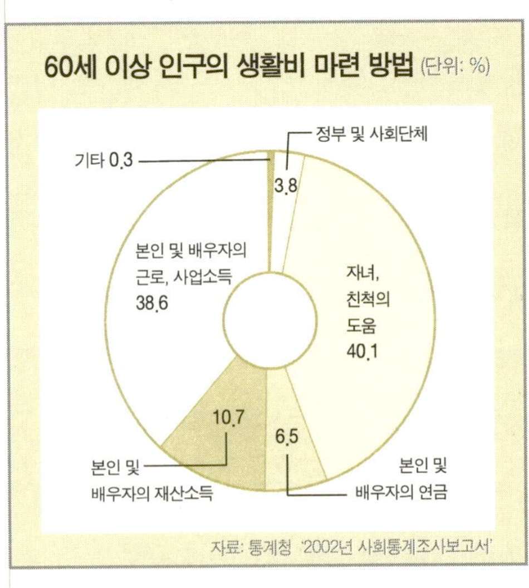

자료: 통계청 '2002년 사회통계조사보고서'

로움, 경제적 곤란 등의 복잡한 감정만이 교차할 수밖에 없다.

그래도 자식인가? 부모로부터 땅을 물려받았던 아들이 부모를 봉양하겠다는 약속을 지키지 못해 물려받은 땅을 다시 아버지에게 돌려줘야 할 상황에 처했다. 서울고법 민사15부는 11월 23일 아버지 이모(84)씨가 부모 봉양 약속을 어겼으므로 증여계약 역시 무효'라며 큰아들(65)을 상대로 낸 소유권 이전등기 말소청구소송에서 원고패소한 원심을 깨고 원고승소 판결했다. 재판부는 판결문에서 "민법상 증여 계약 당시 부담키로 한 의무를 지키지 않았다면 증여자(아버지)는 계약을 해제할 수 있다"며 "피고(아들)가 아버지와 중풍으로 쓰러진 어머니를 자신의 집에서 모시기로 해놓고도 땅을 넘겨받자마자 어머니를 노인전문병원에 입원시킨 후 치료비도 제대로 내지 않은 것은 의무불이행"이라고 밝혔다. 큰아들 이씨는 지난 91년 부모를 모시는 조건으로 1만8천여 평의 땅을 증여받기로 했으나, 같은 해 겨울 아버지가 남동생의 결혼 비용 마련을 위해 땅 일부를 처분하려는 데 반대하다 다툼이 생겨 증여 약속이 무위로 돌아갔다. 이씨는 이후 작년 4월 어머니가 중풍으로 쓰러져 위독하다는 연락을 받고 어머니와 원고를 부양하면서 제사 등 장남으로서 역할을 하겠다는 조건 하에 땅을 증여받았으나 또 약속을 지키지 않자 아버지가 소송을 냈다.

노인이 되면 살 곳은?

미래 노인의 동거 형태는 지금과는 완전히 다른 양상을 보일 것으로 예상된다. 노인과 기혼 자녀의 동거는 현저히 감소하고, 노인끼리 사는 가구가 크게 증가할 것이다. 미래의 노인이 자녀와 함께 산다는 것은 농촌 지역과 도시 부유층에 국한될 것이며, 노인부부 가구, 노인독신 가구, 노인친구 가구 등이 보편적인 노인 가구 형태로 나타나게 될 것이다.

결국 미래의 노인들은 자녀와 함께 살든 따로 살든, 가족 생활의 중심에서 벗어난 주변인으로 전락하게 될 것이다. 지금의 20~50대의 경우, 재산이 없고 건강하지 못하면 가족으로부터 버림받고 쓸쓸한 노후를 보내게 될 가능성이 높다. 전통적인 효 가치관을 믿고 노후를 대비하지 않았다가는 쓸쓸하고 초라한 노인으로 늙어가기 십상이다.

초라한 노후, 늙어서 궁상. 상상만 해도 공포감이 밀려온다. 수명은 점점 늘어나고, 퇴직은 빨라지고, 기댈 만한 자식은 없고, 그렇다고 정부가 노후를 보장해주지 않는다. 노후를 위해 믿을 것은 오로지 나 자신뿐이라는 사실을 잊지 말라.

노후준비를 소홀히 하는 **10**가지 이유

1_젊었을 때 즐기자, 나이들면 못 논다.

2_죽으면 그만인데 그까짓 것.

3_아이들 잘 키우는 것이 최대의 노후준비다.

4_지금 당장 입에 풀칠하기도 어려운데 노후준비까지.

5_정부가 알아서 해주겠지, 그때 가서 고민하자.

6_내가 아는 사람들도 그런 것 안 하고 잘만 살더라.

7_주변 사람들과 생활 수준을 맞추지 않고서는 나는 못살아.

8_로또 1등에 당첨되면 한방으로 끝나는 일인데…….

9_낮은 금리에 저축은 뭣하러 하나.

10_인생은 일장춘몽(一場春夢).

노후대비, 빠를수록 좋다 2

세상이 변한 만큼 인생의 재테크 포트폴리오도 이제는 다시 짜야 한다. 인생의 전반부에 노년을 준비해두지 않으면 후반부인 말년(노후)에 불행한 삶을 맞게 된다. 축구 경기에서 전반전에 두 골을 이기고 있다면, 후반전에 한 골을 상대방에게 내주더라도 승부에는 이상이 없다. 반면 전반전에 좋은 기회를 날려버리고 골을 못 넣으면 후반의 실점이 뼈아플 수밖에 없다. 그러나 아쉽게도 우리나라 국민 10명 중 3명만이 노후를 준비하고 있다고 한다. 더욱 큰 문제는 아직도 적지 않은 중년층이 '그때 가면 어떻게 해결되겠지' 하는 식으로 노후설계를 막연히 미루고 있다는 점이다.

인생이 비참해지지 않으려면 지금 당장 노후준비에 착수하라. 시작이 절반이라는 말처럼 일단 첫 발을 떼기만 해도 안정된 노후가 당신을 기다리고 있을 것이다. 여기서 노후대비를 빨리 하면 할수록 유리한 이유 몇 가지

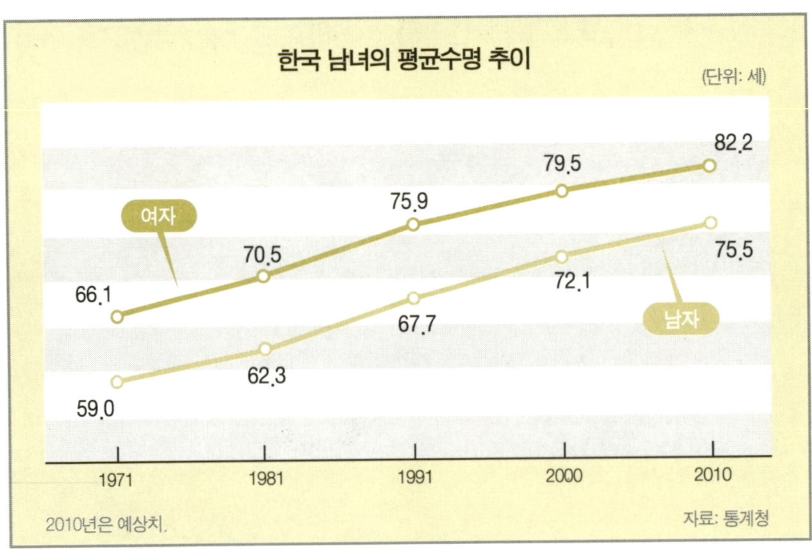

를 구체적인 숫자를 들어 설명하겠다. 계산기만 몇 번 두드리면 답이 나온다. 냉정한 계산과 현실의 간격은 너무나 넓고 크다는 사실을 금방 알게 될 것이다.

40세 암보험료 25세의 3배

보험상품은 보험회사에 다달이 돈(보험료)을 지불하고, 장래에 보험 사고가 발생했을 때 목돈(보험금)을 타는 상품이다. 그래서 보험회사는 사고 발생 확률을 따져보고 보험료를 책정한다. 일반적으로 나이가 많을수록 보험료가 비싸다. 연령이 높을수록 위험에 노출될 확률이 그만큼 크기 때문이다. 특히 사망보험이나 질병보험의 경우, 아무래도 젊은 사람보다는 나이든 사람이 사망 또는 암에 걸릴 확률이 높으므로 보험회사는 당연히 나이든 사람에게 많은 보험료를 요구한다.

암보험을 예로 들면 25세 남자는 2~3만 원 대에 가입할 수 있지만, 40세 남자는 이보다 3배 수준인 7~8만 원 대로 보험료가 올라간다. 50세나 60세에 암보험에 들면 보험료는 얼마나 더 올라갈까? 아마도 끔찍한 수준이 될 것이다. 젊었을 때부터 먼 장래를 생각해서 1년이라도 빨리 보험에 가입하면 노후대비 비용을 크게 줄일 수 있다. 보험료 면에서 따지더라도 40세에 노후를 준비하는 사람의 경우, 25세에 노후를 준비하는 사람보다 15년 늦게 노후준비를 한 탓에 3배의 돈이 추가로 더 들어가게 되는 것이다.

연금 납입액 600만 원 차이가 수령액 5,200만 원 격차

이번에는 개인연금을 30세부터 가입하는 경우와 35세부터 가입하는 경우를 비교해보자. 이자를 연 7%로 가정하고, 30세부터 월 10만 원씩 25년간 불입해서 만 55세부터 연금을 수령한다면 매월 61만 원을 받을 수 있다. 그러나 35세부터 10만 원씩 20년간 불입할 경우 연금수령액은 월 39만 원에 불과하다. 총불입액은 3,000만 원과 2,400만 원으로 600만 원밖에 차이가 나지 않지만, 노후에 20년 동안 받게 되는 연금 총액은 각각 1억4,800만 원과 9,556만 원으로 무려 5,200만 원 이상 차이가 난다.

시간이 증명하는 복리의 마력

세계 경제의 중심지인 뉴욕의 맨해튼 섬 전체를 단돈 24달러에 구입했다면 과연 믿을 사람이 몇이나 될까? 그러나 놀랍게도 이것은 역사적 사실이다. 피터 미누이트(Peter Minuit)가 1626년 당시 24달러(60길더) 정도의 장신구와 물품을 인디언 추장에게 주고 맨해튼 섬을 매입했다니 정말 믿어지지 않을 것이다. 그러나 이런 횡재에도 불구하고, 이자율을 감안한 수익률을 계산해보면 더욱 놀라운 사실을 발견하게 된다. 당시 24달러의 원금에 이자가 누적적으로 지급되었다면 지금은 얼마로 불어났을까? 편의상 연 이자율을 7%로 가정한다면, 약 10년 뒤에는 원금이 약 2배로 늘어나고, 다시 10년이 지나면 93달러로 증가하게 된다. 이런 복리 계산을 계속하면 맨해튼을 구입한 날로부터 377년이 지난 지금은 24달러가 무려 2조8,700억 달러가 된다. 맨해튼 섬이 약 1,730만 평이니, 횡재를 한 것처럼 보이는 피터 미누이트는 평당 16만5,900달러를 지불한 셈인데, 이는 현재의 땅값보다 더 비싸게 준 것이다.

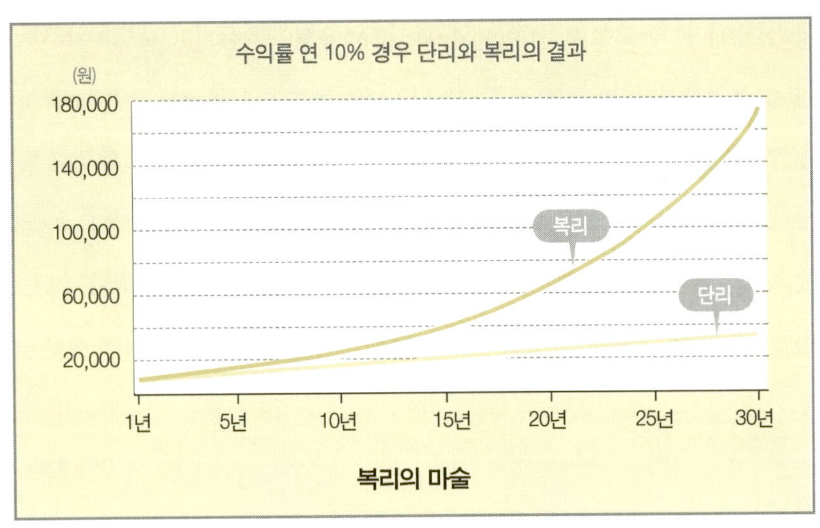

이와 같이 시간은 단돈 24달러로 이루어진 역사적 거래를 2조9,000억 달러로 바꾸는 마력을 갖고 있다. 그래서일까? 누군가 앨버트 아인슈타인에게 우주에서 가장 강력한 힘이 무엇이냐고 묻자 '복리'라고 대답했다는 우스갯소리가 지금도 회자되고 있다. 시간이 쌓아올리는 복리의 힘은 막강하다. 노후대비도 마찬가지다. 젊어서 하루 빨리 준비할수록 복리의 덕을 많이 보게 된다.

첫 월급부터 노후 위한 적금을 붓는 것이 상책

미래를 준비하는 것도 일종의 습관이다. 조금이라도 일찍 준비하자. 젊을 때 노후에 대해 신경을 쓰지 않는 사람은 나중에 늙어서도 마찬가지다. 이런 의미에서 가장 좋은 노후대비책은 첫 월급을 받을 때부터 아예 일정 부분을 노후대비 차원에서 적립하는 것이다.

인생이란 시작과 중간이 있고, 마무리 단계를 거쳐 끝이 나게 마련이다. 인생의 '시작(출생)'과 '끝(사망)'은 자신의 의지대로 할 수 없는 창조주의 영역이다. 그러나 '중간(경제 활동기)'과 '마무리(노후)' 단계의 성과는 자신의 노력 여하에 달려 있다. 화들짝 피어난 꽃처럼 가장 화려한 젊은 날도 중요하지만, 끝자락을 앞둔 '하루하루(노년)'가 더 아름답게, 그리고 은은하게 꽃을 피울 수 있도록 미리미리 준비해두자.

3 인생의 로드맵을 그려라

젊었을 때부터 평생 동안의 재정설계를 세워 직접 실천해야 한다. 일생 동안의 '경제적인 로드맵(Road Map)'을 만드는 일은 풍족한 노후를 위한 지름길이기 때문이다.

'평생재정설계(Lifetime Financial Planning)'는 한마디로 일생 동안의 경제계획을 세우는 일이다. 평생재정설계는 (1) 보장 (2) 저축과 투자 (3) 절세계획 (4) 노후대책 등, 네 가지 측면을 반드시 고려해서 그림을 그려야 한다. 이중 하나라도 소홀히 한다면 경제적으로 행복한 삶을 기약할 수 없다. 자신의 재정 상황을 재점검하고 평가하여, 이제라도 미진하고 소홀히 다루었던 부분이 있다면 재정비하고 보완하라. 노후대책이 없는 상태에서 하루하루를 보내는 것은 닥쳐올 겨울을 생각하지 않는 동화 속의 베짱이와 다를 바 없다.

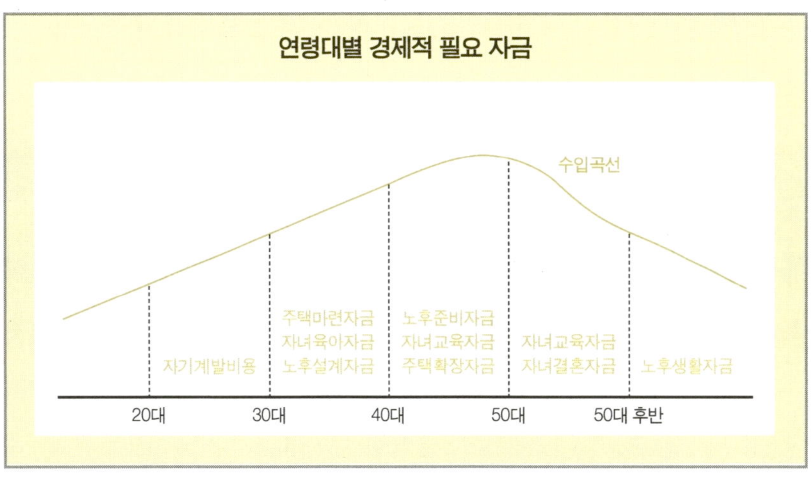

보장성보험으로 미래의 안전을 확보하라

우리는 살아가는 동안 병들거나 다치지 않기를 바란다. 하지만 우리를 둘러싼 주변의 보이지 않는 위험들이 우리를 끊임없이 위협하고 있는 것이 세상사다. 가장(家長) 한 사람에게 무슨 일이 생겨 온 가족의 생계가 막막해질 위험이 있다면 저축을 줄여서라도 보험과 같은 보장성상품에 가입해 두는 것이 필요하다.

보험은 원칙적으로 저축이 아니라 소비다. 보험은 불의의 재난을 당했을 때 손실을 입은 자산을 복구시켜 주고, 신체의 상해로 경제력을 잃더라도 한 가정의 안정적인 경제생활을 보장해준다. 따라서 보장성보험 가입은 평생재정설계를 할 때 반드시 포함되어야 한다. 보장성보험은 최악의 순간에 최소투자로 최대효과를 거둘 수 있는 수단이기 때문이다.

보험은 만기에 보험료 일부를 되돌려받는 환급형보다는 원금이 소멸하는 '소멸성 보험'으로 가입하라. 그리고 이왕이면 젊었을 때 가입하자.

저축·투자공식을 바꾸어라

저축은 현재의 소비를 억제함으로써 미래의 잠재적 소비를 준비하는 것이다. 저축은 자신과 가족의 경제적 생활을 향상시킬 수 있으며, 국가경제 성장의 원동력이 된다. 수입과 지출의 규모가 한정되어 있는 일반가정의 경우, 적은 액수의 돈이라도 이를 효율적으로 굴려서 더 큰 목돈을 만들도록 노력하여야 한다.

일반적으로 인생주기(life cycle)를 '성장기→가정 형성기→활동기→안정기→노후 생활기' 등 5단계로 구분하는데, 각 주기별로 다양한 경제적 필요가 생긴다. 따라서 인생 단계마다 자신이 필요로 하는 자금수요를 잘 파악하여 저축을 해 나가야만 행복한 삶을 누릴 수 있다. 문제는 저금리 시대에는 저축수단이 마땅치 않기 때문에 이제는 투자 마인드를 과감히 바꾸어야 한다는 것이다. 금리가 높았던 '저축시대'의 투자공식은 이러했다. '저축→종자돈 마련→(부동산·주식)투자'. 그러나 지금은 그것이 통하지 않는다. 따라서 '투자→투자'의 방식으로 투자구조를 선순환시켜야 한다.

가처분 소득 높이는 절세 계획

인간이 피할 수 없는 두 가지가 죽음과 세금이라고 한다. 그러나 건강관리를 통해 죽음을 연장할 수 있듯이, 절세를 통해 세금도 줄일 수 있다. 동일한 소득을 얻었다 하더라도 필요 이상의 세금납부와 같은 경제적 손실을 최소화하면 손에 쥔 돈의 크기를 최대한 키울 수 있다. 현실적으로 소득을 늘리는 데는 한계가 있으므로 세금을 줄이는 것은 매우 현명한 소득 극대화 방안이다.

예를 들어 은행 예금의 경우 똑같은 예금이라 하더라도 비과세상품이나 세금우대상품이 있는가 하면, 이자에 대한 세금이 상당 부분을 차지하는 예금도 있다. 이중 어느 상품을 선택하느냐가 이자소득의 많고 적음을 좌우한다. 참고로 이자소득세는 무려 16.5%이다. 세금은 비단 저축뿐 아니라 물품 구입·부동산 취득 등 생활의 모든 면에 관계된 것인 만큼, 불필요한 세금을 내지 않도록 절세를 위해 미리미리 준비하고 대처해야 한다.

가처분 소득과 관련해, 주택·자동차·피아노·가전제품 등을 모두 현금만으로 구입할 수는 없는 노릇이다. 그러므로 적정 규모의 대출을 얻는 등의 방법으로 최소한의 가처분 소득을 유지하는 것도 재정설계에 포함시켜야 한다.

노년의 설움 덜어주는 노후계획

흔히 인생은 60부터라고 한다. 그러나 수중에 돈이 없고 자식들마저 외면한다면 인생의 마무리 단계에 이르러 더욱 서글프고 고통스러운 나날을 보내게 될 것이다. 풍요로운 노후생활을 누리기 위해서는 젊었을 때부터 많은 준비가 필요하다.

노후에는 수입이 없어지기 때문에 우선 생활자금을 어떻게 마련할 것인가 하는 문제를 생각해야 한다. 공적연금인 국민연금으로는 많이 부족하다. 따라서 개인연금에 가입하거나 이자 또는 임대소득을 얻을 수 있는 재정 계획을 미리 세우고 그 목표를 향해 한발 한발 전진해야 한다.

특히 70세 이후는 체력이 급속히 떨어져 의료비 부담이 늘어난다. 또한 안정적이고 풍요로운 노후를 즐기기 위한 여가 비용도 고려해야 한다.

삶의 단계별 경제적 필요 자금

구 분	필 요 자 금
성장기 (20대 중반까지)	결혼자금, 레저비용, 자기계발 비용 등
가정 형성기 (20대 후반~30대 전반)	출산 및 육아비용, 전세자금 또는 주택구입 자금, 생활 자금, 노후설계 자금 등
활동기 (30대 후반~40대 중반)	자녀교육 자금, 주택자금(구입 또는 집 평수 늘리기), 생활자금, 노후설계 자금 등
안정기 (40대 후반~정년퇴직)	자녀교육 자금, 창업자금, 자녀결혼 자금, 생활자금 등
노후 생활기 (60대부터)	노후생활 자금, 질병치료비, 해외여행비 등

고대 로마의 철학자 키케로는 '노년은 원숙하고 고요한 인생의 황금 시기'라고 말했다. 인생의 노년은 농부가 봄에 씨 뿌려 여름에 땀 흘려 일하고 가을의 결실을 거둔 후 맞이하는 겨울의 휴식기에 비유할 수 있다. 노동과 자녀양육 등 인생의 모든 부담에서 벗어나 근심걱정 없이 인생을 즐기는 나이이다. 누구나 건강하고 여유 있고 행복한 노년생활을 꿈꿀 것이다. 당신의 노후 수준을 결정할 4대 변수를 체크해두자.

금리 수준

앞에서 복리의 효과를 강조하기 위해 맨해튼을 예로 들었다. 377년 전의 24달러가 연 이자율을 7%로 가정한다면 지금은 무려 2조8,700억 달러가 된다고 말했다. 만약 연 7%가 너무 높아서 이를 5%로 낮추어 계산하면 얼마나 될까? 많은 사람들은 최소한 1조 달러는 되지 않을까 하고 생각할 것이다. 그러나 2조8,700억 달러의 1,000분의 1에도 미치지 못하는 23억 달러에 불과하다는 계산이 나온다. 2%의 차이가 엄청난 결과를 가져오는 것이다.

갑자기 웬 이자율 타령이냐고? 이유가 있다. 아무리 강력한 복리효과도 금리 앞에 서면 한없이 작아지고 만다는 점을 일깨우기 위해서다. 그런데 앞으로 노후를 준비하는 기간 동안 지금과 같은 저금리 추세가 지속될 가능성이 높다. 금리는 내 뜻대로 움직일 수 있는 것이 아니다. 따라서 노후준비 용으로 저축금액을 더 늘리거나, 노후준비 기간을 더 많이 갖기 위해 젊었을 때부터 노후를 준비하여야 한다는 것이다.

젊어서 개인연금신탁 상품에 이미 가입한 사람의 경우에도 저금리 추세에 맞추어 새로운 노후설계를 하여야 한다. 불과 몇 년 전만 해도 연 10%대에 이르던 수익률이 지금은 그 절반 이하로 뚝 떨어졌기 때문이다. 따라서 추가로 불입하거나 다른 대안을 마련하여야 한다.

인플레이션율

보험 세일즈맨은 연금보험을 어떻게 권유하는가? "매달 얼마씩 납입하면 몇 살부터 한 달에 연금을 이만큼씩 받게 된다"고 말한다. 그런데 이때 제시되는 금액은 단순히 화폐 명목가치를 보여주는 숫자일 뿐이다. 그 금액을 손에 넣게 될 시점에서 실제 화폐가치가 얼마인지를 말해주는 보험 세일즈맨은 거의 찾아보기 어렵다.

예를 들어보자. 35세인 회사원이 매달 15만 원씩 연금을 넣고 55세부터 죽을 때까지 연금을 지급받기로 하고 연금보험에 가입했다고 치자. 한 보험회사의 상품에 가입했을 때의 연금 예상액을 계산하면, 그는 55세부터 매달 48만5천 원을 지급받게 된다. 하지만 그가 55세가 되는 것은 지금으로부터 무려 20년 뒤의 일이다. 그렇다면 20년 후의 48만5천 원은 지금의 가치로 얼마나 될까? 물가상승률을 연 4%로 계산하면 현재 돈 가치로 22만 원에 불과하다. 말 그대로 '껌값'에 불과한 셈이다.

노후의 생계를 보장한다는 연금보험의 취지에 합당할 만한 금액을 20년 후에 연금으로 매달 받으려면 현재 얼마씩 보험료로 납입해야 할까? 정부가 2003년도 최저생계비로 예상하고 있는 금액은 104만 원이다. 이를 물가상승률 4%를 기준으로 계산하면 104만 원은 20년 후 228만 원이 된다. 20년 후 매달 생계비로 228만 원을 연금으로 지급받으려면 35세의 회사원은 지금부터 20년 동안 다달이 60만 원 이상을 보험료로 납입해야 한다.

몇십 년 후의 '100만 원'은 지금의 100만 원이 아니다. 인플레이션 때문이다. 인플레이션율에 따라 미래의 100만 원은 현재가치로 50만 원이 될 수도 있고, 10만 원이 될 수도 있다. 노후대책을 세울 때는 인플레이션을 감안해야 한다.

은퇴시기와 자녀

찰리 채플린은 76세까지 영화감독을 하였고, 미국의 여성화가 그랜마 모시스는 80세가 넘어서 그림을 그리기 시작했으며, 알버트 슈바이처는 89세까지 수술을 집도했다. 미켈란젤로는 71세에 시스티나 성당의 벽화를 그렸다. 세계 제2위의 부자인 워런 버핏은 72세의 나이인 지금도 왕성한 활동을 하고 있다. 이와 같이 '평생직업'을 가진 사람들을 예외로 한다면, 정년이 없어진 시대에 은퇴시기를 말한다는 것 자체가 사치인지도 모른다. 그러나 은퇴시기가 노후의 안녕을 좌우할 것이 분명하기 때문에 반드시 짚고 넘어가야 할 공통 분모임에는 틀림없다. 그렇다면 은퇴시기가 노후를 위한 큰 변수가 되는 이유는 뭘까?

회사에서 물러나야 할 시기는 점점 빨라지고, 늙은이로 살아가야 할 날은 더욱 길어지고 있다. 은퇴시기가 빠른 사람은 노후준비 기간(수입이 발생하는 기간)은 짧고, 노후생활 기간(지출을 하는 기간)은 그만큼 길어진다. 반대로 은퇴시기가 늦어질수록 인생의 전반부인 노후준비 기간은 길어지고, 일 없이 보내는 노후생활 기간은 더욱 짧아지기 때문에 노후의 풍요를 기약할 수 있다.

자녀의 수와 연령도 큰 변수다. 자녀가 많거나 나이가 어리면 노후에도 자녀 뒤치다꺼리를 하다가 생을 마감하게 된다. 사람에 따라서는 나이 50에 자식 농사를 다 마치는 사람이 있는가 하면, 70이 되어서까지 자녀를 뒷바라지하는 부모가 있다. 따라서 노후준비 기간은 빠르면 빠를수록 좋은 것은 분명하나 사람에 따라 정도의 차이는 있을 것이다.

보유재산

자기 노력으로 큰돈을 번 사람은 물론이고, 로또복권에 당첨되어 횡재를 한 사람, 배우자나 부모를 잘 만나 재산을 축적한 사람, 누구나 할 것 없이 보유재산이 많다면 그 돈만 잘 관리해도 경제적으로 풍요로운 노후생활을 즐길 수 있을 것이다. 당연한 얘기지만 현재의 보유재산은 당신의 노후수준을 좌우할 결정적인 변수가 된다. 보유재산의 규모는 당신의 노후준비를 수월하게 해주고, 준비 기간에도 큰 영향을 미친다. 노후가 편하려면 젊을 때 재테크를 열심히 해서 재산을 되도록 많이 불려놓아야 한다.

노후를 위한 평생재정설계를 할 때는 이상의 네 가지 변수를 고려해 자기에게 맞는 계획을 세워야 한다.

5 노후 재테크의 EQ를 길러라

미국의 심리학자 대니얼 골맨(D.Goleman)이 제창한 EQ(Emotional Quotient)를 우리말로 번역하면 '감성지수' 가 된다. 지능지수로 측정되는 IQ와는 질이 다른 것으로, 마음의 지능지수라고 할 수 있다. 감성지수, 감정적 지능지수라고도 불린다. 그 내용으로는 첫째, 자신의 진정한 기분을 자각하여 이를 존중하고 진심으로 납득할 수 있는 결단을 내릴 수 있는 능력, 둘째 충동을 자제하고 불안이나 분노와 같은 스트레스의 원인이 되는 감정을 제어할 수 있는 능력, 셋째 목표 추구에 실패했을 경우에도 좌절하지 않고 자기 자신을 격려할 수 있는 능력, 넷째 타인의 감정에 공감할 수 있는 공감 능력, 다섯째 집단 내에서 조화를 유지하고 다른 사람들과 서로 협력할 수 있는 사회적 능력이다.

EQ는 자신과 다른 사람의 감정을 이해하는 능력과 삶을 풍요롭게 하는 방향으로 감정을 통제할 줄 아는 능력을 의미한다. EQ가 높은 사람은 갈등 상황을 만났을 때 그 상황을 분석하고 자신의 처지를 정확하게 인식할 수 있는 능력을 갖추고 있다. 감정적 대응을 자제함과 동시에 다른 사람에 대한 공감적인 이해를 나타낸다. 노후를 위한 재테크도 IQ보다 EQ적 사고를 더 요구한다. 부자가 된 사람들은 대부분 머리보다 가슴으로 승부하는 사람들이다.

3-4-3 전법으로 노후를 설계하자

현재의 금리 상황과 물가상승률, 그리고 2030년 이후 우리나라 65세 이상 노인 인구가 20%에 이를 것이라는 고령화현상 등을 고려한다면 우리의 인생에도 축구 경기와 같은 전략·전술이 필요하다. 노후설계를 할 때 3-4-3 전법을 적용시켜 보자. 총수입 중에서 30%를 생활비로, 40%를 투자에, 그리고 나머지 30%는 자신의 노후를 위해 준비하는 것이다. 활동능력이 있을 때 적게 쓰고 많이 저축하는 생활태도는 풍요로운 노후를 확실히 보장해줄 수 있기 때문이다.

닭은 절대로 팔지 말라

돈을 어느 정도 모은 사람의 경우 노후를 살아가는 주수입원은 뭘까? 연금을 제외하면 그것은 투자로부터 나오는 소득이다. 은행의 예금이자, 부동산 임대소득, 주식배당 소득 등이 바로 그것이다.

노후의 안정적인 소득원에 대해 말할 때 '양계장 주인' 의 비유가 자주 인용된다. 결론부터 말하면 닭을 팔아 소득을 얻는 양계장 주인이 되기보다 달걀로 생활하는 양계장 주인이 되라는 것이다. 닭은 원금, 계란은 그 과실인 이자에 비유될 수 있을 것이다. 대부분의 사람에게 있어서 노후생활은 은퇴 이전에 모아둔 돈(원금)을 까먹는 시기이다. 그러나 안정적인 노후생활을 즐기려면 모아둔 돈의 투자 과실(이자 · 배당 · 임대소득 등)을 소득으로 하여 살아가야 한다. 노후생활에 대한 준비 여하에 따라 닭을 팔아야 하느냐 아니면 계란을 팔아서 생활하느냐의 여부가 결정될 것이다. 아무튼 달걀을 낳아줄 닭이 일정 규모는 되게끔 재산을 모으는 재테크가 필요하다.

투자 위험은 회피대상 아닌 관리대상

신체에 가해지는 물리적인 위험은 피하는 것이 상책이지만, 투자에 따르는 위험은 무조건 회피한다고 해서 만능은 아니다. 위험은 회피대상이 아니라 관리대상이라는 인식을 가져라. 무턱대고 '고수익 · 고위험' 을 추구하는 것도 바람직하지 않지만, 지나친 위험 회피는 수익률을 떨어뜨리기 때문이다.

세상에 공짜 점심은 없다는 말이 있듯이 수익율을 높이기 위해서는 그만큼 위험을 감수해야 한다. 감당할 수 있을 정도의 적절한 위험을 안고서 투자하는 것이 바람직하고 합리적인 재테크 방식이다. 다만 투자하려는 자금의 성격, 어느 정도까지 위험을 감수할 수 있을지, 같은 조건일 경우 위험을 줄일 수 있는 또 다른 대안은 없는지 등을 종합적으로 고려해 적절한 리스크 관리가 함께 동반된 투자가 이루어져야 한다.

귀가 얇으면 실패한다

"투자는 저희에게 맡기시고, 당신은 인생에 투자하십시오." 어떤 금융기관의 광고 카피다. 재테크 지식이 부족하고 귀가 얇은 한국 사람들에게 딱 들어맞는 광고인지 모른다.

정보는 돈이다. 다른 사람보다 먼저 정보를 취득할 수만 있다면 아무리 주식시장이 죽을 쑤어도 매년 수백 %의 수익률을 올릴 수도 있다. 문제는 자기에게 전달되는 정보 중에서 이미 대중에게 널리 알려진 정보와 허위정보를 가려내는 분석능력이 필요하다는 것이다. 평소 이성적으로 행동하는 사람이라도 누군가가 확실한 대박정보라고 귀띔하면 마음이 흔들리기 일쑤다. 특히 그 정보를 전해주는 사람이 평소에 신뢰하던 사람이라면 더욱 그렇다.

하지만 대박정보를 듣고 대박을 터뜨렸다는 사람보다는 오히려 손해만 봤다는 사람을 훨씬 더 많이 만날 수 있다. 귀에 솔깃한 '고급정보' 일수록 냉정하게 검증해보아야 한다. 그렇게 좋은 정보가 평범한 나에게까지 흘러 왔다면 그것이 과연 진짜 고급정보일까 하는 의심을 품어볼 필요가 있다. 오히려 장밋빛 대박정보일수록 악의적인 역정보일 가능성이 더 많기 때문이다.

부동산에 집착하지 말라

우리나라 사람들은 무조건 부동산을 좋아한다. 젊으나 늙으나 마찬가지다. 부동산 불패 신화에 대한 맹목적인 믿음, 좁은 국토, 그리고 투기적인 국민심리가 복합적으로 작용한 결과일 것이다. 땅이 많으면 무조건 좋은가? 젊을 때는 노후에 대비한다고 땅을 사들이지만 막상 늙어서는 자식에게 남겨주고 싶은 마음에 쉽게 처분하지도 못하는 것이 땅이다.

그러나 나이가 들수록 환금성이 높은 자산의 비중을 늘리는 것이 필수이다. 급하게 목돈이 필요한 상황이 닥쳤을 때 현금을 융통하기가 직장을 다닐 때보다는 훨씬 어렵기 때문이다. 게다가 노년에는 의료비 등 큰돈이 필요한 경우가 닥칠 수 있다. 부동산이 아무리 많아도 현금 동원 능력이 부족하면 그토록 애지중지 아끼던 땅을 잘 알지도 모르는 사람에게 헐값으로 넘겨야 하는 상황이 올지도 모른다.

노후생활 자금, 얼마면 될까? 

노후생활을 100% 즐기기 위해서 가장 중요한 것은 무엇일까. 우선 건강이 제일이고, 배우자와의 해로도 중요하다. 하지만 준비된 자금이 없다면 계속 일자리를 찾아 헤매면서 힘들고 긴 노후를 보낼 수밖에 없다.

그렇다면 노후자금으로 필요한 금액은 어느 정도일까? 물론 개인의 소비성향이나 부양가족수 등에 따라 천차만별일 수밖에 없다. 따라서 획일적으로 노후자금이 얼마나 필요할 것이라고 단정할 수는 없으나 기본적인 노후생활비를 계산하고 개인에 따라 가감하면 어느 정도 예측은 가능하다.

직장인들이 생각하는 노후자금은 4~5억 원

참고로 대한상공회의소가 서울 지역 직장인 근로자 1,005명을 대상으로 실시한 '직장인들의 노후대책에 관한 실태 조사'에서 밝혀진 바에 따르면, 직장인들이 생각하는 노후준비 자금은 4~5억 원 미만이 42.6%로 가장 많았다. 3~4억 원 미만이 20.8%로 그 뒤를 따랐으며, 1~3억 원 미만과 5~7억 원 미만이라는 응답은 각각 15.7%와 9.1%로 나타났다. 노후대비 수단으로는 저축(이자 소득)이 21.4%로 가장 많았으며, 다음으로 개인연금(19.9%), 퇴직금(18.6%), 국민연금(15.6%)을 꼽았다.

한편 국민연금관리공단에서 조사한 바에 의하면, 만 60세 부부가 평균기대수명(약 20년)까지 살 경우 노후생활 자금으로 최소 2억6,141만 원(현재가치 기준)이 필요할 것으로 나타났다. 이 금액은 만 60세인 부부가 국민기초생활보장 수준의 기초생활비(월 58만9,000원)에 월 50만 원의 여유생활비를 쓴다고 가정할 경우 평균기대수명(남자 77.5세, 여자 82.2세)까지 살기 위한 금액이다. 만일 여유생활비를 월 100만 원과 월 200만 원으로 늘려 잡으면 각각 4억7,049만 원과 7억1,049만 원이 필요하다는 계산이 나온다.

이 같은 조사를 바탕으로 안정적이고 풍요로운 노후생활을 위해 매달 약 250만 원을 쓴다고 가정할 경우 30세 성인은 매달 89만 원씩 저축해야 한다. 단, 이러한 결과는 연 5% 복리이자와 60세까지 꼬박꼬박 저축한다는 전제에서 나온 것이다. 저축 시작 시기를 25세·35세·40세로 가정하면 각각 매월

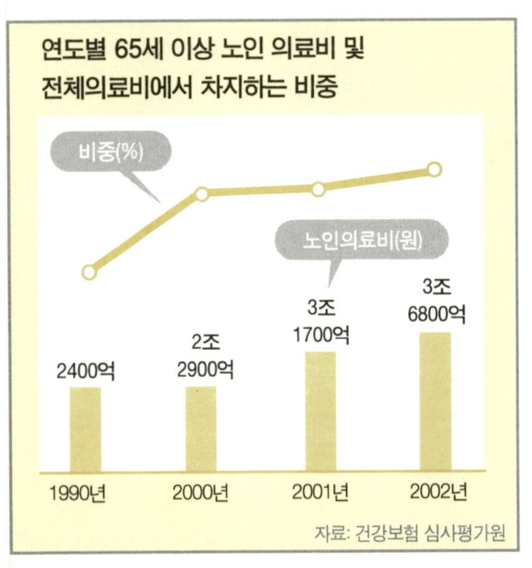

65만 원, 124만 원, 180만 원씩 저축해야 한다. 여기에 물가상승률까지 감안하면 저축해야 할 금액은 더 늘어날 것이다.

60세에 노후 생활자금 5억 만들기 위한 저축액

(단위: 원)

연령대	년수	목돈을 맡기는 경우		매월 넣는 경우	
		4%(연복리)	7%(연복리)	4%(연복리)	7%(연복리)
20세	40년	104,144,522	33,390,191	429,234	201,165
30세	30년	154,159,334	65,683,559	727,258	425,147
40세	20년	228,193,473	129,209,501	1,369,740	979,612
50세	10년	337,782,084	254,174,646	3,397,289	2,906,658

노후생활 자금 계산하는 두 가지 방법

노후에 소요되는 자금 계산법에는 크게 두 가지가 있다. 단순 계산법과 용도별 합산법이 그것이다. 단순 계산법은 매월의 노후생활 자금에 노후 기간을 곱하여 산출하는 방식으로 희망하는 노후생활 자금이 월 150만 원인 사람의 경우, 노후기간 20년을 보내기 위해서는 약 3억6,000만 원이 필요하다. 물론 여기에 물가상승률을 감안하여야 한다. 용도별 합산법은 노후에 필요한 자금을 각각 합산하여 산출하는 방식이다. 기본적인 생활자금에 의료비와 긴급 예비자금, 자녀교육 및 결혼자금, 특별활동 및 여가자금, 그리고 상속을 위한 자금 등을 합하는 것이다.

물론 기본적인 노후생활비 역시 사람에 따라 다르게 마련이다. 그러나 대개는 은퇴 전 생활비의 80%쯤으로 잡는 것이 이상적이다. 다시 말해 자녀들을 독립시키고 부부의 생활비만 든다고 가정해서 생활비 수준을 정하는 것이다. 그리고 배우자 사망 후 혼자 생존하는 기간의 생활비를 부부 노후생활비의 80%쯤으로 따로 잡아놓는다. 우리나라 남녀의 평균수명에다 자신의 건강과 조상들의 장수여부 등을 종합적으로 고려하여 몇 살까지 살 것인지 예상수명을 정한 뒤 이를 생활비와 곱한다. 이때 언제까지 일할 수 있는지 은퇴 시점도 함께 추정하자. 물론 이렇게 계산한 노후자금은 부부가 은퇴 후에 입고, 먹고, 자는 데 들어가는 기본 생활비라는 점을 잊지 말아야 한다.

은퇴 후 부부가 해외 여행을 다니고 골프도 치면서 여유 있게 보내기를 꿈꾼다면 이 비용도 계산에 넣어야 한다. 또 요즘처럼 결혼과 출산이 늦어지는 추세라면 부부가 은퇴한 뒤에도 자녀의 교육비를 부담해야 하는 경우도 있을 것이다. 부부 중 한쪽이 예기치 못한 중병에 걸려 적잖은 병원비를 지출하게 될 수도 있다. 따라서 각자의 형편에 따라 기본 노후생활비 외에 +α를 모아두려는 적극적인 노력을 기울여야 하는 것이다.

용도별 합산법에 의한 노후자금 계산 (①+②+③+④+⑤)

① 기본적인 생활 자금　부부 생활비+남편(부인) 사망 후 생활비

　부부 생활비　　　　　월 생활비×12개월×정년 후 부부가 함께 살아갈 기대여명
　부인(남편) 생활비　　월 생활비×12개월×배우자 사망 후 기대여명

② 의료비 및 긴급 예비자금

③ 자녀교육과 결혼자금(미혼 자녀가 있는 경우)

④ 특별활동 및 여가를 위한 자금

⑤ 상속을 위한 자금(여유 있는 경우)

풍요로운 노후를 위한 '하여라 7가지 법칙'

풍요로운 노후를 위한 '하여라 7가지 법칙'

앞으로 30년에서 40년 이상 남은 인생 후반전을 풍요롭게 보내기 위해서는 인생의 전반전을 잘 싸워두어야 한다. 인생의 후반전에 가서는 기력이 전부 소진되어 힘도 없고 건강을 유지하기도 어렵기 때문에 수비 위주로 경기를 펼칠 수밖에 없다. 인생의 전반전은 골을 넣는(돈을 모으는) 시기고, 후반전은 골을 먹는(돈을 쓰는) 시기다. 따지고 보면 요즈음의 10억 모으기 열풍도 노후의 경제적인 자유를 얻기 위한 것이 아닌가! 그렇다면 인생의 전반전을 성공적으로 마무리하기 위해서는 어떻게 해야 할까? 여기에도 작전이 필요하다. 물론 그 작전을 수행하는 방법은 그리 어렵지 않다. 누구나 조금만 관심을 가지면 손쉽게 실천할 수 있다. 사소한 것 같지만 그 차이가 인생의 후반전인 노후에는 큰 차이로 나타날 것이다. 보통사람들이 나이를 먹으면서 흔히 깨닫는 "우리는 너무 빨리 늙고, 너무 늦게 지혜를 얻는다"는 아쉬움을 반복하지 않는 것만이 풍요로운 노후를 약속할 것이다.

사람은 태어나면서부터 주먹을 꼭 쥐고 태어난다. 그것은 어찌 보면 인간이 본질적으로 무엇인가를 강렬하게 소유하고 싶어한다는 욕구임에 틀림없다. 소유욕구를 한마디로 말하면 인간의 돈에 대한 욕망이다. '돈'에 대한 욕망을 충족하기 위해서는 어떻게 하면 될까? 시대적 상황에 맞게 재테크 패러다임을 과감히 바꿔야 한다.

지금은 '투자의 시대'

과거에는 예금 이자율이 연 10% 대를 유지하였으며, IMF 위기 때는 연 20% 이상 치솟은 적도 있었다. 지금은 1년짜리 정기예금이 연 4% 내외로 세금을 공제하고 물가상승률을 감안하면 실질이자율은 사실상 0% 시대가 되었다. 저축의 시대는 한마디로 고금리 시대다. 저축만으로 손쉽게 목돈을 만질 수 있었던 시대였다. 이제 금리의 일부 상승이 예상되더라도 옛날과 같은 고금리 시대는 사실상 끝났다고 봐야 한다. 금융기관이 돈을 안전하게 보관해준다는 의미 이상도 그 이하도 아닌 지금, 은행예금이나 우체국예금에 만족한다면 그는 재테크를 이야기할 자격이 없다.

이제는 '고수익' 이라는 과실을 따기 위해서 위험이 따르는 높은 '투자안' 을 선택하여야 하는 세상이 되었다. 즉, 높은 수익을 얻기 위해서는 위험을 과감히 부담하는 투자의 시대에 온몸으로 부딪쳐야 한다. 이러한 시대적 흐름은 우리나라만의 현상이 아니라 세계적인 추세다. 미국에서는 주가가 폭락하든 폭등하든 상관없이 70% 이상의 가구가 주식에 투자하고 있으며, 유럽에서도 주식투자의 비중이 증가하고 있는 것만 봐도 그렇다.

위험관리 스킬을 배워라

투자의 시대에는 투자 위험(Risk)과 수익률(Return)의 상관관계를 잘 알아야 한다. 경제학에서는 공짜 점심이란 있을 수 없다. 투자수익이 크면 그만큼 기대되는 위험도 상대적으로 높아진다. 물론 과거에 비하면 수익률이 형편없지만 말이다. 반대로 투자 위험이 적으면 기대수익률도 낮기 마련이다. 투자 위험이 낮으면서 수익률도 높은 투자 수단은 이 세상에 존재하지 않는다. 만일 이런 투자 수단을 기대하고 있다면 하루빨리 생각을 고쳐먹어야 한다. 이와 같이 투자의 시대에는 위험과 수익률 사이의 이상적인 균형점을 찾을 수 있도록 위험관리 스킬을 배우고 또 익혀야 한다.

아이에게 장난감 회사의 주식을 사줘라

자녀들로 하여금 한 푼 두 푼 모으도록 가르치고, 돼지저금통이 가득 차면 은행으로 달려가 저금통의 배를 가르던 시대는 '저축의 시대' 다. 저축의 시대에는 부모가 자녀들에게 '티끌모아 태산' 을 강조했지만, '투자의 시대' 에 사는 지금의 부모들은 '수익과 위험' 의 상관관계를 가르쳐야 한다. 예를 들면 '예금 이자가 얼마냐' 를 가르칠 것이 아니라 '주식에 투자하면 이런 위험과 이러이러한 수익이 난다' 고 가르쳐라. 또한 우리나라 부모들은 자녀의 생일선물로 게임기를 사주는 경우가 많다. 그러나 미국의 부모들은 게임기를 사주지 않는다. 대신에 게임기 만드는 회사의 주식을 사주고 있다.

금융이 강한 나라가 부자 나라

일본 경제가 12년 이상 고전을 면치 못하고 있다. 물론 최근에 일부 회복 기미를 보이고 있지만 말이다. 일본 경제의 장기 침체는 부동산 버블로 인한 은행 파산, 소비 침체 등 다양한 이유가 있겠지만, 다른 측면에서 보면 금융 분야에서의 취약성이 문제다. 일본 국민들은 위험을 근본적으로 싫어하는 국민성을 가지고 있다. 일본 가정의 대부분은 은행과 우체국 예금으로 돈을 굴린다. 실물 경제는 강하지만 금융이 약한 나라가 일본이라는 나라다. 지금은 바야흐로 변화를 하지 않고서는 살아남기 어려운 시대다. 그러나 변화를 뒤쫓아가는 것만으로는 부족하다. 자신이 변화의 주체가 되었을 때에 재테크도 성공할 수 있음을 명심하라.

재테크 패러다임, 어떻게 바뀌고 있나

구 분	과 거	현재 · 미래
추세	저축의 시대	투자의 시대
투자 신조	티끌모아 태산	수익과 위험의 상관관계
재산증식 수단	은행 예금 · 우체국 예금	주식 · 채권 · 부동산
시장 상황	낮은 위험 · 높은 수익	높은 위험 · 낮은 수익
투자의 선순환	「저축 ⇒ 목돈 ⇒ 투자」	「투자 ⇒ 투자」
자녀 경제교육(예시)	생일날에 장난감을 사준다.	생일날에 장난감 회사의 주식을 사준다.

'난세에 영웅이 나온다'는 말처럼 흔히 경기변동은 부자의 판도를 바꾼다고 한다. 경제변동 중에서 계절변동과 달리 주기는 일정하지 않지만 경제활동의 상승과 하강 과정을 되풀이하는 변동이 경기변동이다. 경기는 보통 회복기 · 활황기 · 후퇴기 · 침체기로 나뉜다. 이 경기의 흐름을 잘 알아야 부의 흐름도 잡을 수 있다.

경기 흐름에 선행해서 움직여라

3단계의 경기변동에 따라 주식과 채권, 부동산의 투자 수익률이 달라진다. 예를 들면 경기변동에 맞추어 대세 상승 초기에 주식을 매수하고, 대세의 최고점에서 매도하면 큰 수익을 낼 수 있다. 그러나 대개의 경우 대세 상승의 막바지에 매수하였다가 대세가 꺾이고 난 뒤에야 손절매를 하는 경우가 많다. 대세의 흐름을 타고 가지 못하는 이유는 주가가 경기보다 선행하기 때문이다.

경험적으로 주가는 경기가 살아나기 6개월 전에 상승하기 시작하고, 부동산은 경기 회복 3~6개월 후에 가격이 오른다. 즉, 주식은 경기에 선행하고, 부동산은 경기에 후행하는 경향이 있다는 얘기다. 주가가 경기보다 선행한다는 것은 경기가 바닥을 치기 6개월 전에 주가는 바닥을 치고 올라가기 시작하고, 경기가 최고점을 치기 6개월 전에 주가는 내려가기 시작한다는 것이다. 주가는 기업 가치 그 자체이므로 업종에 따라 차이는 있겠지만, 전체적으로 보면 경기 사이클에 따라 움직인다.

그러나 일반 투자자들은 주가가 경기 흐름에 선행하여 움직인다는 사실에도 불구하고 경기보다는 주식시장의 분위기에 따라 투자하게 된다. 따라서 실패할 확률이 그만큼 높은 셈이다. 반대로 경기 회복의 기미조차 보이지 않는데 성급하게 부동산에 투자했다가 오히려 돈이 묶이는 결과가 나타날 수도 있다. 물론 최근 몇 년과 같이 은행 금리는 낮고, 주식 시장은 좋지 않아 부동산으로만 돈이 몰려 부동산 가격이 급상승한 경우는 예외지만 말이다.

경기선행지수가 정답은 아니다

미래의 경제 동향을 예견하는 지표로서 경기선행지수가 있다. 이 지수의 상승은 가까운 미래에 경기가 호전될 것을 나타낸다. 이 지수의 움직임은 주가를 분석하는 사람들에게 관심의 대상이 된다. 왜냐하면 주가의 경기 선행성 때문이다. 경기변동을 정확히 알 수 있으면 부자가 되는 것은 떼놓은 당상이다. 그런데 경기가 언제 회복되고 언제 침체 국면에 진입할지 어느 누구도 정확하게 예측할 수는 없다. 민간 경제연구소는 물론이고, 우리나라의 똑똑한 사람들이 모여 있다는 한국은행의 조사마저도 빗나가기 일쑤다. 한국은행은 작년의 경제성장률을 3.9%로 예측했으나 실제로는 6.3%의 성장을 했고, 금년에는 5.7%를 전망하였으나 그에 훨씬 못 미칠 것으로 예상되고 있다. "하나님이 경제학자를 만든 이유는 기상 예측가들을 돋보이게 하기 위해서다"라는 윌리엄 A. 서든의 말처럼 경제 앞날은 그만큼 전망하기가 어렵다. 심지어 경기는 신(神)만이 안다는 말도 있다.

경기전망에 깔린 복선을 놓치지 마라

그렇다면 경기변동을 정확히 모르는 상황에서 경기에 돈을 맡길 수는 없지 않을까? 그렇지 않다. 전문가나 보통 사람이나 정확한 경기예측 내지 전망은 불가능하더라도 앞으로 경기가 지금보다 더 나아질지 아니면 나빠질지의 여부, 즉 경기의 방향성은 어느 정도 예측할 수 있다. 경기란 영원한 호황도 없고 영원한 불황도 없다. 불황이다 싶다가도 호황으로 가고, 대호황을 맞이하다가도 언제 그랬느냐는 식으로 불황으로 빠져든다. 그러나 그 흐름은 대체로 규칙적이다. 그 규칙적 흐름에 따라 돈을 굴릴 수만 있다면 돈을 벌 수 있다.

여기서 한 가지 유의할 점은 경제 전망이 발표하는 곳마다 서로 다르므로 숫자만으로 모든 것을 판단하면 그 뒤에 깔린 복선을 놓치기 쉽다는 것이다. 재정경제부·한국은행·신용평가기관·IMF 등 기관마다 자신의 이해 관계에 따라 경기예측치가 조금씩 달라진다. 예를 들면, 정부(재정경제부) 발표는 객관적으로 예측되는 경제성장률에다 정부의 정책의지가 가미된 숫자로 봐야 한다. 예측치가 아니라 정부의 목표라고 보는 것이 타당할 것이다. 즉, 조금은 부풀려져 있다는 뜻이다. 한국은행은 우리나라의 통화와 물가를 책임지고 있는 정책 당국이라는 점을 고려하여야 한다. 신용평가기관은 '돌다리도 두들겨 보고 건넌다' 는 자세로 예측한다. 따라서 위험 요인을 과대평가하여 경제 전망을 깎아 내리는 경우가 많다. 국내외 경제전문가들은 2004년 한국경제를 한마디로 말한다, "안개가 사라진다"고. 정부에서도 얼마 전 2003년 3/4분기를 경기바닥이라고 공식발표한 바 있다. 경기흐름에 맞춰 돈을 맡길 곳과 맡길 때를 아는 사람과 그렇지 않은 사람 간의 흥망은 분명히 나타날 것이다.

대부분의 국가는 국민의 노후생활에 필요한 소득을 보장하기 위해 '국가 보장→기업 보장→개인 보장'의 3층 보장 체계를 두고 있다. 국가 보장은 국민연금과 같이 정부가 주체가 되어 국민의 기초적인 의식주 생활을 보장하기 위해 실시하는 공적연금이다. 공적연금에는 국민연금 외에도 군인 연금·사학연금·공무원연금이 있다. 기업 보장과 개인 보장은 기업이나 개인이 주체가 되어 노후생활을 풍요로운 수준으로 향상시키기 위한 추가적인 보완 연금을 의미한다.

3층 보장 체계

3층 보장 체계란, 노후생계를 유지할 수 있도록 사회보장적 성격의 공적연금, 기업의 퇴직금 제도에 근거한 퇴직연금, 개인의 저축 형태로 이루어지는 개인연금으로 구성된 체계를 의미한다. 우리나라의 경우 국민연금과 개인연금은 이미 도입하여 정착 단계에 있으나, 퇴직연금의 경우 내년 7월부터 도입될 예정이다.

평생직장이 사실상 무너진 지금 노후를 퇴직금에 기댈 수도 없고, 그렇다고 공적연금인 국민연금에 기대기에는 미흡하다. 다시 말해 공적연금이나 퇴직금으로는 한계가 있으므로 부족분을 사적연금인 개인연금으로 보충해야 한다. 따라서 노후를 준비할 수 있는 사적연금 상품에 가입하는 것이 필수적이다. 연금은 글자 그대로 소득이 없어진 노후에 사용할 생활자금을 젊을 때 미리 준비한다는 목적부 금융상품이다. 개인연금은 보험회사뿐 아니라 은행·투신사·우체국 등에서도 취급한다.

연금제도별 특징 비교

구 분	국민연금	기업연금(퇴직연금)	개인연금
가입 대상	전국민	근로자	개인
목 적	국민의 최저생계비 보장	기업의 근로자에 대한 노후생활 보장 지원	개인의 선택에 의한 노후생활 보장
책임 원칙	사회계약에 의한 연대책임	기업의 사회적 책임원칙	자기 책임원칙
책임 주체	국가	기업	개인
수 단	공적부조·공적연금	퇴직금·기업연금	개인연금
급 부	소득 비례	소득 및 근속 연수	개인 결정
특 징	기본적인 생활보장 (1층 보장)	표준적인 생활보장 (2층 보장)	여유 있는 생활보장 (3층 보장)

국민연금만으로는 부족하다

"월급명세서를 볼 때마다 점점 늘어나는 공제 항목들이 있다. 공제 항목들을 볼 때마다 속이 쓰리다. 대표적인 게 국민연금과 의료보험이다. 오랜 세월이 지난 후 노년이 됐을 때 국민연금을 받을 수 있을지 걱정이 앞선다. 나뿐만이 아니다. 지금도 주변에서 종종 국민연금을 정말로 받을 수 있을지 묻는 분들이 많다. 이렇게 물어보는 사람들에게 나는 항상 '그거 세금이라고 생각하십시오. 나중에 받을 수 있을 것이라고 생각하다가는 노년에 크게 낭패를 당하실 겁니다' 라고 대답해왔다."

이것은 안티국민연금 사이트에 실린 국민연금을 불신하는 한 네티즌의 글이다. 따지고 보면, 의료보험도 마찬가지다. 보험혜택은 별로 늘지 않고 보험료는 최근 3년 간 무려 35~39%나 올랐다. 특히 2000년 7월 건강보험을 통합한 이후 사실상 직장인들의 주머니를 털어 올해부터 흑자가 나기 시작했는데도 내년에 보험료를 또 올리겠단다.

국민연금 언제부터 받을 수 있나?

연도 구분	해당 세대	국민연금 지급 연령
2013~2017년	1953~1956년생	61세
2018~2022년	1957~1960년생	62세
2023~2027년	1961~1964년생	63세
2028~2032년	1965~1968년생	64세
2033년 이후	1969년생 이후	65세

국민연금 운영의 현상황

정부에서 국민연금법을 개정해 생애 평균 월소득(보험료 산출의 기초가 되는 소득수준을 의미하는 것이지 가입자가 직장을 퇴직할 때 받는 월급 수준을 말하는 것이 아니다)의 60%에서 50%로 수급액을 낮출 계획이라고 한다. KDI(한국개발연구원)는 2047년에 가면 우리나라 국민연금은 완전 고갈될 것이라는 음울한 전망마저 내놓고 있는 실정이다. 국민연금이란 일하는 젊은 사람들로부터 돈을 걷어 은퇴한 노인들에게 연금을 지급하는 것인데, 낮은 출산율로 인해 젊은 사람들은 계속 줄어들고 노인들의 숫자가 계속 늘어나면 결과는 뻔한 일이다.

국민연금 제도는 가입자인 국민의 노령, 질병 또는 사망으로 인해 소득능력이 상실 또는 감퇴한 경우 본인이나 그 유족에게 국가가 연금을 지급하는 장기적인 소득보장 제도다. 의료보험과 함께 우리나라 사회보장 제도의 양대 지주라 할 수 있다. 이 거창한 사회보장 제도가 국민들로부터 불신을 받으며 우리의 노후를 불안하게 만들고 있는 것이다.

우리의 지갑에서 꼬박꼬박 연금 보험료를 떼 가면서도 노후생활에 거의 보탬을 주지 못한다면 무슨 의미가 있겠는가? 정부는 미국 · 일본 · 캐나다 등 대부분 선진국들의 연금 수령액 비율이 40% 정도라는 점을 들어 우리나라의 연금 수령액이 높은 수준이라는 주장을 편다. 하지만 이러한 주장은 선진국들의 경우 공적연금 외에도 기업연금 · 개인연금 등 다양한 소득원을 통해 노후소득을 보장하고 있다는 중요한 사실을 간과한 것이다.

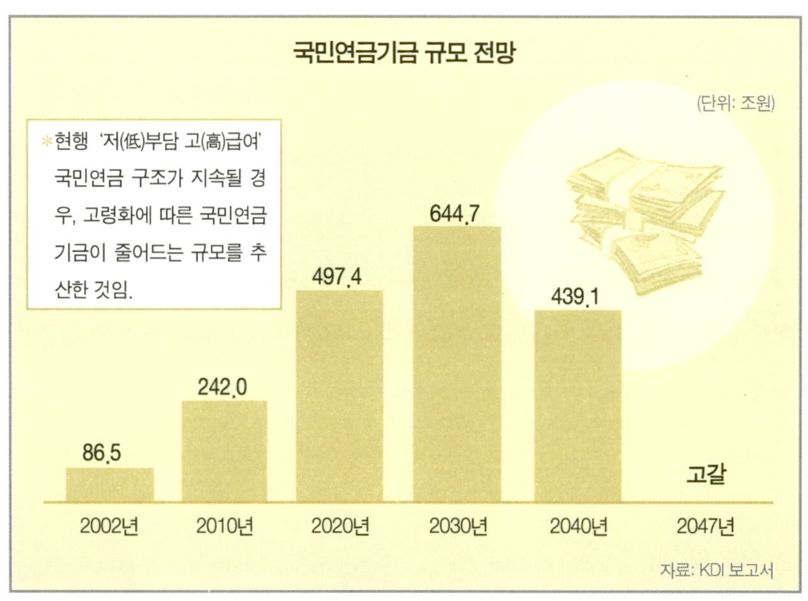

개인연금의 필요성

국민연금은 60세부터 받을 수 있다. 그러나 2013년부터는 5년 단위로 수급 연령이 한 살씩 올라가 2013년에는 61세, 2018년에는 62세, 2033년 이후에는 65세에 가서야 국민연금의 혜택을 누릴 수 있다. 따라서 현재 20~30대 직장인 가입자들은 퇴직 뒤 연금을 받을 때까지 적어도 10~15년 동안의 노후대책을 각자 마련할 수밖에 없다.

퇴직금은 이미 몇 해 전부터 수급권조차 확실하게 보장되지 않고 있다. 퇴직금을 받는다 하더라도 대부분은 국민연금 개시 이전의 생계비를 충당하는 데도 모자라는 형편이다. 나의 노후를 정부의 노인복지 대책만 믿고 있다가는 큰 낭패를 볼 수 있다. 노인복지예산이 일본은 국가예산의 15%인데, 우리나라의 경우 0.3%에 불과한 사실만 봐도 그렇다. 여기서 마지막으로 한 가지 유의할 점이 있다. 국민연금만으로는 노후대비가 턱없이 부족하기 때문에 사적연금으로 반드시 보충해야 한다는 것이지, 국민연금이 개인연금 등 사적연금보다 못하다고 단정하지 말라는 것이다. 국민연금의 경우 어떻든 물가상승율을 반영하는 등 실질수익률에 있어서 사적연금보다 상대적으로 높고, 노후에 지급률의 불확실성은 일부 있지만 국가가 부도나지 않는 한 정부에서 떼어먹을 수는 없기 때문이다.

"현금을 잃으면 일부 잃는 것이요, 건강과 신용을 잃으면 전부 잃는 것이다.", "신용은 쌓기는 어려워도 잃기는 쉽다." 선인들의 교훈처럼 신용의 중요성은 아무리 강조해도 지나치지 않는다. 그러나 우리나라에서는 최근 신용불량자가 폭증하여 큰 사회 문제가 되고 있다. 개인 신용불량자 수가 350만 명에 육박하고 있는 실정이다.

신용불량자가 된다면?

신용불량자란 말 그대로 신용이 나빠 신뢰할 수 없는 사람으로 은행연합회나 신용정보업체에 등록된 사람을 말한다. 신용불량자는 금융기관 입장에서 보면 "이 사람은 돈을 빌리고도 갚지 못하고 있으니 새로 꾸어주는 것은 매우 위험합니다"라는 붉은 딱지를 붙이고 왕따를 시키고 있는 것과 마찬가지다. 신용사회에서 신용불량자로 등록되면 경제적 사망선고를 받은 것이나 크게 다를 바 없다. 사람의 몸으로 치면 살아 있되 죽은 것과 크게 다를 바 없는 식물인간과 같은 중증환자다.

신용불량자로 등록이 되면 금융 기관과의 거래에서 각종 불이익을 당하게 된다. 새롭게 대출받기가 어려워지고, 기존의 대출에 대해서도 조기 상환을 독촉받게 된다. 신용카드의 발급이나 사용이 제한되고, 이동전화 가입도 지장을 받는다. 한번 낙인이 찍히면 이후 연체금을 모두 갚아 신용불량 등록사유가 해소된다 하더라도 상당 기간 불이익을 받게 된다. 금융 기관이 신용불량 해제 후에도 일정 기간 동안 기록을 관리하기 때문이다.

내 신용은 내가 챙긴다

몸이 아픈 것만이 병이 아니다. 허약한 신체 못지않게 재무상태가 건전하지 않아도 자기 자신과 가족의 건강과 행복을 해칠 수 있다. 그러므로 건강종합검진 때 혈압과 간 수치를 재보듯이 정기적으로 자기의 재무상태를 점검하고 생활태도를 돌아보아야 한다. 씨티은행이 발표한 '재무 건강 체크 리스트' 등을 통해 수시로 신용점수를 체크하는 것도 한 방법이다. 체크 리스트 중 두 가지 이상의 항목에 '예'라고 답했다면 당신의 재무 생활에는 이미 적신호가 켜졌다고 볼 수 있다.

일반인은 금융회사 또는 신용평가 정보회사를 통해 자기의 신용정보를 확인할 수 있다. 이때 주의할 점은, 특정 기간에 너무 자주 신용조회를 하면 그 기록이 누적되어 개인신용에 나쁜 영향을 줄 수 있다는 것이다. 왠지 불안해서 자꾸 확인하는 사람을 의심하게 되는 것이나 마찬가지다. 자기의 신용 상태를 체크하고 이상이 있을 때에는 즉각적인 정정 절차를 밟아야 한다.

재무 건강 체크 리스트

1_신용카드로 현금서비스를 받아 다른 빚을 갚거나 생활비로 충당한다.

2_매달 신용카드 대금을 전부 갚지 못한다.

3_신용카드 대금을 항상 기일보다 늦게 낸다.

4_월급에서 월세나 주택융자 할부금을 떼고 남는 돈이 매달 내야 하는

　카드 대금 중 각종 대출 원리금보다 적다.

5_연체된 빚을 독촉하는 전화나 편지를 받고 있다.

6_각종 빚이 얼마인지 정확히 모른다.

7_가정에서 돈 문제로 배우자와 다툰 적이 있다.

8_쓴 돈을 감당하지 못해 시간 외 근무를 자청하거나 부업을 하고 있다.

9_빚쟁이들이 월급의 일부를 떼어가거나 소송을 제기한 상태다.

빚을 갚기 위한 대출(대환대출)을 활용하라

지금 당장 갚을 돈은 없고, 신용불량자가 되기도 싫은 사람들은 어떻게 해야 할까? 본인의 대출을 관리하는 담당자와 만나 상환계획에 대해 터놓고 상의하는 것이 중요하다. 이 경우 앞으로의 예상수입과 그에 따른 부채 상환일정 등을 솔직하게 밝히는 것이 좋다. 연체대금 상환 과정에서는 본인

스스로 갚겠다는 의지를 보여주는 것이 중요하기 때문이다.

카드회사마다 연체 회원을 대상으로 연 14~19%의 금리로 대출해주는 대환대출을 활용해 조금씩 갚아나가는 것도 좋다. 대환대출이란 연체대출을 일반대출로 바꿔주는 것이다. 카드 결제액이 너무 커서 연체가 염려된다면 결제일 이전에 미리 리볼빙(Revoling) 결제를 신청하는 것도 연체를 피하기 위한 방법이 될 수 있다.

사채를 쓰면 사체(死體)된다

신용불량자가 되지 않기 위해 비싼 사채를 빌려 신용카드 연체대금을 갚는 사람들이 적지 않다. 그러나 아무리 급해도 사채는 절대 이용하지 말라. 사채 얻어 쓰면 사망과 마찬가지다!

사채 이자를 보자. 우선 일주일에 5% 이상의 수수료를 떼고, 금리는 한 달로 치면 20%, 연간으로는 무려 240%나 된다. 어마어마한 금리다. 사채 피해는 꼬리에 꼬리를 물고 순식간에 불어나는 이자를 감당하지 못하는 데서 비롯된다. 이미 사채를 쓰고 있는 사람은 혼자 고민하기보다는 가족 또는 금융감독원 사금융피해신고센터(02-3786-8655~8)에 털어놓고 상의하는 것이 좋다. 또 급전이 필요해 사채를 이용했지만 신용상태가 괜찮은 편이라면 하루라도 빨리 제도권 금융기관에서 돈을 빌려 사채를 막는 것이 피해를 최소화할 수 있다.

신분증 관리를 잘하라

신상정보가 들어 있는 신분증을 잃어버리면 자칫 명의를 도용한 금융거래의 피해를 입을 수 있다. 이를 방지하기 위해서는 주민등록증·운전면허증 등 신분증을 철저히 관리해야 한다. 만일 자신도 모르는 거래 사실을 알게 되면 즉시 해당 금융회사에 자신의 거래가 아님을 밝혀야 금전적·정신적 피해를 막을 수 있다. 참고로 주민등록증을 분실한 경우 관할 읍·면·동사무소에 가서 분실 신고를 한 뒤 재발급 신청을 하면 된다. 수수료는 5천 원이고, 신청 후 15~20일 지나면 새 주민등록증을 받을 수 있다. 그 기간에 신분증이 필요할 경우에 대비해 주민등록증 발급신청확인서를 받으면 약 20일 동안 대용할 수 있다.

인적사항이 바뀌면 금융기관에 알려라

연체가 발생하거나 통지 사항이 있을 때 금융회사는 거래를 신청할 당시 등록한 연락처로 연락한다. 따라서 주소 또는 전화번호가 바뀌면 반드시 금융회사에 변경 내용을 알려주어야 한다. 만일 금융기관으로부터 중요한 연락을 받지 못해 본의 아니게 신용불량 리스트에 오르고 그 기간이 1년을 넘기면 연체금을 다 갚더라도 오랜 기간 그 기록이 관리되므로 불이익을 당하게 된다.

최후의 비상구, 워크아웃제도

이미 신용불량자가 되어버린 사람에게 마지막 비상구는 다름 아닌 워크아웃제도이다. 기업에만 적용하던 워크아웃 제도가 개인에게도 도입됨에 따라 은행·카드사 등에 빚을 진 신용불량자들이 구제받을 수 있는 길이 열린 것이다.

'개인 워크아웃제도'란 여러 금융기관에서 돈을 빌려 써 빚더미에 앉은 신용불량자가 상환기간 연장 등의 혜택을 받으며 신용회복을 모색할 수 있는 제도이다. 개인 워크아웃 대상에 선정되면 이자 탕감·만기 연장 등의 혜택은 물론이고 경우에 따라 원금도 일부 탕감받을 수 있다. 따라서 빚을 갚을 의지와 능력이 있는 사람이 개인 워크아웃 대상에 선정되면 급박한 개인신용 위기를 벗어나 정상적인 사회 생활을 할 수 있는 길을 찾게 된다.

우리 부모들은 끼니를 거르더라도 빚만 없으면 산다고 말하곤 했다. 그래서 자식들에게 틈만 나면 "빚지는 인생을 살지 말라"고 강조했다. 자장면 한 그릇 사먹는 돈이 아까워 생수 한 사발로 주린 배를 채우면서 악착같이 돈을 모았다. 지금은 일선에서 물러나 조용히 노년을 보내고 있는 우리네 부모들은 그랬다.

생산적인 빚은 재테크다

그러나 그 자식들은 불효를 저지르고 있다. 눈물 어린 충고를 거역하고 너나 할 것 없이 '빚진 인생'을 살고 있기 때문이다. 주택을 담보로 수천만 원은 기본이고 수억 원의 대출을 받는가 하면 신용카드도 펑펑 써댄다. 이러한 '소비성 빚'은 분명히 잘못된 일이라 하겠다. 하지만 모든 빚이 '소비성'인 것은 아니다. 분명히 '생산성'을 갖춘 빚이 있으며, 그렇게 봤을 때 빚지는 것도 하나의 재테크가 될 수 있다. 따라서 우리의 부모들이 말하는 빚지는 인생, 다시 말해 대출을 받아 활용하는 것이 꼭 잘못된 일이라고 말할 수는 없다. 시대상황이 변했고 금융환경도 달라졌기 때문이다. 이제 돈을 잘 빌리는 것, 즉 손쉽게 낮은 금리로 돈을 빌리는 것도 재테크로 인식되고 있는 것이다.

부모로부터 많은 유산을 물려받은 일부 사람들을 제외하고 대부분의 사람들은 젊었을 때 목돈을 모으기가 쉽지 않다. 예를 들어 빚 없이 순전히 내 종자돈만으로 주택을 구입하고자 한다면 이미 집값은 저 만큼 올라가 있어 내집 마련의 꿈은 영영 사라지고 말 것이다. 따라서 대출의 사용처가 소비용이 아니고 생산용이라면 대출을 적절히 활용할 줄 알아야 한다. 다른 사람에 비해 은행 빚이 많다고 해서 재정상태가 나쁘다고 손가락질할 수 있을까? 그렇지는 않다. 단 그 빚으로 무엇을 했느냐를 함께 봐야 한다.

저축을 할까, 빚부터 먼저 갚을까?

빚 없이 사는 사람은 거의 드물다. 재테크의 최종 종착역이라 불리는 노후생활을 안정적으로 가져가기 위한 첫 번째 조건은 '빚 없는 삶'이다. 노년에는 오히려 남에게 빚을 주든가 부동산을 임대해 불로소득을 되도록 많이 얻는 것이 현명하다. 문제는 그 단계에 도달하기까지의 과정이다.

금리수준만 놓고 보면 빚은 무조건 저축에 앞서서 갚는 것이 유리하다.

예금이자와 대출이자를 비교할 때 적어도 대출이자가 예금이자보다 2~3%
는 더 높다. 만약 대출금리와 예금금리가 동일하다고 하더라도 대출은 매월
이자를 내야 하는 반면, 예금은 주로 만기에 원금과 이자를 타게 되므로 실
질금리는 대출이 더 높다. 또한 예금이자에 대해서는 세금이 부과되므로 그
차이는 더욱 벌어진다. 물론 대출금을 조기상환할 경우 중도상환수수료를
부담해야 한다거나, 비과세예금에 가입한 경우에는 예외일 수도 있으나 일
반적으로는 저축을 하면서 대출을 받는 것보다는 조금씩이라도 대출금을
먼저 갚아나가는 게 더 현명한 행동이다.

대출이 효과를 발휘하는 것은 내집을 마련하거나 집의 평수를 늘려서
옮길 때다. 일시에 큰돈이 들어가는 주택 구입의 경우 자기 자금만으로 집
값을 100% 조달할 수는 없다. 따라서 부족 자금을 금융기관 대출로 충당하
고 매월 일정액을 상환해나가는 방법도, 따지고 보면 재산증식의 한 수단이
라 하겠다.

'천천히 부자가 되자(Get Rich Slowly)' 는 구호가 있지만, 구입하고자
하는 아파트는 종자돈을 만들 때까지 기다려주지 않고 가파르게 오르는 것
이 한국의 현실이다. 대출과 저축을 동시에 하고 있다면 저축에 앞서 대출
을 갚아야 하겠지만, 대출을 잘 활용하지 않고서는 부자가 될 수 없다. 자동
차·옷·가전 제품 등 감가상각되는 자산은 빚으로 사지 말아야 하지만 자
기 계발·부동산·사업 등과 같이 가치가 올라갈 수 있는 자산에 투자할 때
는 빚도 좋은 재테크 무기가 되는 것이다.

대출도 유비무환이다

대출에도 역발상이 필요하다. 목돈이 필요하면 먼저 예금해서 모아놓은 돈을 빼서 틀어막고 그래도 모자라면 대출을 신청하는 것이 보통인데, 이러한 습관을 뒤바꾸어 보면 어떨까? 즉 금융기관에 예금을 갖고 있을 때 미리 대출을 신청하는 것이다. 그럴 경우 적어도 1% 이상 이자율을 낮출 수 있다.

대부분의 은행은 대출을 결정할 때 신용평가 시스템을 이용해 대출한도와 이자율을 결정한다. 이 시스템의 평가 요소는 은행마다 약간씩 차이가 있지만 일반적으로 고객의 거래실적이 큰 비중을 차지한다. 따라서 예금을 포함한 거래실적이 많을 때 대출을 신청하면 보다 낮은 이자율로 쉽게 대출을 받을 수 있다. 거래실적에는 예금뿐만 아니라 신용카드 사용이나 자동이체 같은 부수적인 거래실적도 포함된다.

또한 은행의 대출이자율은 시장 금리에 따라 달라지므로 장기대출이 필요하다면 금리가 낮은 시기에 고정금리로 미리 대출을 신청하면 장기간 저금리 혜택을 누릴 수 있다. 물론 자금이 필요한 시기보다 몇 달 앞서 대출을 받을 경우 불필요한 이자 부담이 문제될 수 있다. 이럴 때에는 한도대출로 해결할 수 있다.

변동금리냐 고정금리냐

금리는 특히 대출기간이 긴 주택담보 대출인 경우 필수적으로 고려해야 할 사항이다. 대출금리는 크게 고정금리와 변동금리로 나뉜다. 변동금리는 다시 CD 연동·기준금리(프라임 레이트) 연동금리로 구분된다. 고정금리 대출은 만기 때까지 금리가 고정되며, 그 기간에 금리가 변동되어 발생할지 모르는 위험(손해)은 고스란히 은행이 감수해야 한다. 그래서 변동금리 대출보다 연 1~1.5% 정도 높게 금리가 책정된다. 당장에는 변동금리가 좋아보인다. 하지만 대출기간이 길 경우 그 사이에 시장금리가 상승하면 대출금리도 자동으로 올라 다달이 납부할 이자가 크게 늘어날 수 있다. 둘 중 어느 것이 유리한지 장단점을 판단하기는 쉽지 않다. 더구나 대출금리를 올릴 때는 민첩하지만 내릴 때는 늑장을 부리는 것이 금융기관의 속성이다. 금리 선택에 관해서는 경험 있는 금융 전문가에게 도움을 받는 것이 필요하다.

마이너스 대출이 좋은 이유

한도대출은 흔히 '마이너스 대출'이라고 부르는 것의 공식 용어다. 미리 일정 금액의 한도를 정하고 정해진 범위 안에서 실제로 쓴 금액에 대해서만 이자를 내는 대출이다. 소비자 입장에서는 대출기간 중이라도 대출을 받지 않으면 단 한 푼의 이자를 내지 않아도 된다. 그러나 고객이 언제 사용할지도 모르는 자금을 미리 준비해두어야 하는 은행으로서는 실제 대출이 일어나지 않더라도 비용이 발생하므로 일반대출보다 다소 높은 이자율을 적용하는 것이 일반적이다. 그렇더라도 한도대출은 이용한 금액에 대해서만 이자를 물기 때문에 일반대출에 비해 이자를 연간 3~4% 절약할 수 있다. 한도대출은 입출금이 잦은 자영업자와 샐러리맨에게 적합한 대출이다.

담보를 제공하면 대출금리가 팍 내려간다

대부분의 사람은 대출을 받으면서 담보를 제공하기를 꺼린다. 하지만 담보가 있는 대출은 담보 없는 대출에 비해 평균적으로 연 5% 이상 금리 차이가 난다. 대출을 신청할 때 적금·정기예금에 가입한 고객은 예금을 담보로 제공할 수 있다. 물론 예금이자율에는 전혀 영향이 없다. 단, 담보로 제공한 예금의 만기가 대출 만기보다 빠르면 해약이 되지 않는 문제가 발생할 수 있으므로 이 점만 주의하면 될 것 같다.

만약 대출금액이 2,000만 원이 넘고 주택을 보유하고 있다면 담보설정에 따른 비용을 부담하더라도 주택을 담보로 제공하는 것이 유리하다. 담보를 제공하면 금리가 적어도 5% 이상 낮아지므로 필요 비용을 공제하더라도 이익이 된다. 금융기관에 따라서는 담보설정 비용을 면제해주기도 한다.

대출금리도 사람을 차별한다

대출금리를 결정하는 신용평가 시스템에서 가장 중요한 요소는 차주(빌리는 사람)의 신용이다. 차주의 신용은 직업과 소득수준, 결혼 및 주택소유 여부, 다른 금융기관의 대출금 및 연체 사실 등에 영향을 받는다. 따라서 집안에 소득수준이 높고 상대적으로 안정적인 직업을 갖고 있는 사람이 있으면 그를 차주로 내세우는 것이 유리하다. 금융기관에 따라서는 여성이 남성에 비해 연체 위험이 적다고 판단해 대출금리를 0.5% 정도 낮추어주는 곳도 있으니 맞벌이 부부인 경우 활용해볼 만하다.

인터넷을 활용하라

신용을 평가해서 대출금리를 결정하는 항목이 금융기관마다 조금씩 다르기 때문에 같은 사람에게도 은행마다 대출금리를 다르게 적용할 수 있다. 따라서 자기에게 가장 낮은 금리로 대출해주는 은행을 찾는 것이 중요하다. 그러기 위해서는 물론 다리품을 팔아야 한다.

요즈음의 다리품은 다리를 쓰는 것이 아니라 머리를 쓰는 것이다. 인터넷의 대출 사이트를 여러 곳 방문해 자금용도·상환방법·대출기간 등을 선택해서 금융기관들의 금리를 비교한 뒤 유리한 쪽을 선택하면 된다. 금융기관의 홈페이지나 대출 중개 사이트를 활용하면 최저금리로 대출이 가능한 곳을 어렵지 않게 찾을 수 있다.

인터넷을 이용하면 금융기관 창구를 찾아가는 것보다 적게는 0.25%에서 많게는 1.0% 정도 금리가 낮아질 수 있다. 은행은 인건비가 절약되므로 그만큼의 혜택을 고객에게 돌려주는 것이다. 인터넷 대출은 금융기관을 방문할 때 소모되는 시간을 줄일 수 있고 개인의 신상정보를 대출담당 직원에게 일일이 말해야 하는 번거로움도 피할 수 있다.

이때 반드시 염두에 두어야 할 것이 있다. 금리가 낮은 곳을 찾기 위해 짧은 기간 동안 여러 금융기관에 대출 신청 또는 조회를 하면 신용조회 기록이 누적되어 오히려 개인 신용에 나쁜 영향을 주어 가산 금리가 붙는 경우가 있다는 것이다.

대출 갈아타기

마지막으로 한 가지 더. 아파트 담보대출의 경우 은행들 간의 눈치 경쟁이 치열하다. 은행들이 돈은 남아돌지만 그렇다고 아무에게나 대출을 해줄 수가 없으므로 떼일 염려가 적은 아파트 담보대출에 목을 매고 있기 때문이다. 이때를 노려라. 금리도 은행마다 다르고 같은 은행이라 하더라도 지점마다 다를 수 있다.

이미 대출을 받은 사람의 경우에도 떼를 쓰면 대출금리를 더 낮출 수 있다. 특히 요즈음과 같이 대출경쟁 시대에는 과거에 고정금리 대출을 받았더라도 변동금리로 바꾸거나 금리를 더 낮출 수 있으므로 수시로 은행에 전화를 걸어 대출 담당자를 귀찮게 만들어야 한다.

주의할 점은 '중도상환수수료' 라는 비밀병기가 은행에 있다는 사실을 잊어서는 안 된다. 더 낮은 금리를 제시하는 은행에서 대출을 받아 기존의 대출금을 상환하고 싶어도 중도상환수수료라는 벌칙금을 내야 하기 때문에 그 실익을 반드시 따져본 후 의사를 결정하는 것이 현명하다.

많은 사람들이 부자가 되기를 원하지만 정작 부자가 되는 사람은 극소수이다. 그 이유는 돈을 많이 벌지 못해서가 아니라 번 돈의 지출을 통제하지 못해서다. 이러한 점에서 합리적 소비 내지는 절약하는 정신은 부자들의 좋은 습관이다. 부자들은 돈을 버는 데도 일가견이 있지만 쓸데없는 소비를 통제하는 데도 능숙한 사람들이다. 다시 말해 부자들은 돈을 많이 버는 사람들이라기보다는 '번 돈을 잘 관리' 하는 사람들이다. 그들의 목표는 성장의 최대화가 아니라 손실의 최소화와 적당한 지출이기 때문이다.

지출 통제의 첫걸음, 가계부 쓰기

그렇다면 지출을 통제하는 방법은 없을까? 있다. 누구나 할 수 있는 가장 손쉬우면서도 동시에 가장 어려운 방법, 그것은 다름 아닌 '가계부 쓰기'다. 가계부 쓰기는 재테크의 첫 단추이며 노후의 행복을 가져다주는 지름길이다. 재테크에 성공한 사람들은 하나같이 가계부의 중요성을 말한다. 그러나 대부분의 가정은 어떨까? 연초에 가계부를 쓰겠다고 큰 마음 먹었다가도 며칠 지나면 흐지부지되는 경우가 많다. 중도하차를 의지 부족이라 꼬집는 사람도 있지만, 수입에 비해 지출이 많은 적자재정을 자기 눈으로 확인하는 일이 삶의 공포를 안겨주기 때문이라는 관대한 분석도 있다.

아무튼 아내에게는 가계부를 쓰라고 잔소리를 하면서도 정작 자신은 용돈기입장 작성은커녕 가정의 현금 흐름이나 재무상태에 관심조차 기울이지 않는 남편이라면 곤란하다. 이제부터라도 부부가 서로 얼굴을 맞대고 가정의 자산과 부채 현황을 점검한 뒤 인생에서 어떤 시기에 얼마의 돈이 필요하며 이를 어떻게 모아나가야 할지를 의논해야 한다.

가계부 작성은 가족의 공동 프로젝트

가계부를 작성하는 시간에는 온가족이 함께 참여하자. 자녀에게 가계부를 보여주고 또는 용돈기입장을 쓰게 지도하라. 부모가 규모 있게 계획을 세워 지출하는 모습을 보여주는 일은 아이들에게 용돈기입장을 쓰라고 백번 채근하는 것보다 더 효과적이다. 자녀들이 부모를 본받아 용돈기입장을 기록하는 습관이 몸에 배면 돈을 올바로 사용하게 된다. 계획성 있는 예산편성과 낭비 없는 소비생활이 가능해진다.

부모는 아이들의 훌륭한 모델이다. 부모가 아껴 쓰고 저축하는 모습을 보여주면 아이들은 특별한 교육을 받지 않아도 저절로 아끼고 저축하는 습관을 갖게 된다. 또한 부모는 결코 '현금 지급기'가 아니며, 어른들도 주어진 생활비를 아껴쓰며 가계를 꾸려간다는 것을 알게 될 것이다. 몇 해 전 대입 수능시험에서 만점을 받은 한 여학생은 "밤 늦도록 책을 읽는 아빠 곁에서 함께 공부했을 뿐"이라고 말해 우리 사회에 신선한 충격을 던져준 일이 있다. 부모가 모범을 보이는 것보다 더 큰 가르침이나 과외는 없다.

가계부 작성 원칙

가계부는 매일매일 빠짐없이 기록하는 것이 가장 중요하다. 또한 대충 어림짐작해서 쓰는 버릇을 고쳐 단돈 10원까지도 정확하게 기록하는 습관을 길러야 한다. 기록 착오나 누락을 방지하기 위해서 부엌에 조그만 칠판을 걸어둔다든지 시장 바구니 또는 앞치마에 메모지와 연필을 상비한다면 저녁에 가계부를 정리하기가 편하다.

또한 지갑 속에 포스트잇을 넣어두었다가 돈을 쓸 때마다 포스트잇에 적어두는 습관을 가지면 지출 내용을 까먹지 않을 수 있다. 가계부 한켠에 편지 봉투를 붙이고 공과금 영수증과 물건을 산 영수증 등을 빠짐없이 모아두자. 나중에 물건이 잘못된 것을 발견했을 때 환불을 받기 위해서도 영수증이 필요하다. 또한 연말정산 서류로도 활용할 수 있다. 충동구매로 지출한 항목에는 특별한 색깔을 칠해 반성의 기회로 삼는 것이 바람직하다. 가계부 앞쪽에 편지 봉투를 붙인 뒤 매주 지출할 현금을 넣어두는 것도 계획적인 소비에 도움이 된다. 그 돈의 범위 내에서만 지출하려고 노력하는 가운데 알뜰 살림의 지혜를 체득하게 될 것이다.

인터넷 가계부, 이래서 편리하다

최근 인기를 끌고 있는 전자가계부를 이용하는 것도 추천할 만하다. 각 은행이 인터넷 홈페이지에서 제공하고 있는 전자가계부는 홈페이지에서 언제든지 내려받아 사용할 수 있기 때문에 종이 가계부를 작성할 때 느끼는 불편을 없앨 수 있음은 물론 가계부 작성에 따른 비용도 줄일 수 있는 장점이 있다.

전자가계부를 이용하면 은행 계좌에서 입출금되는 모든 사항을 자동으로 가계부에 입력할 수 있다. 미리 등록해둔 예금 계좌에서 거래 내용을 끌어와 가계부에 통장 입출금 내용을 날짜별로 정리해주는 프로그램도 있다. 더구나 마이너스 통장이나 대출이 있을 때는 대출금 내용과 이자납입 내용까지 정리해주므로 신용을 쌓는 데도 도움이 된다. 전자가계부의 거래 예약 기능을 이용하면 자주 사용하는 거래가 자동으로 입력되고, 그날 그날 예약된 모든 거래 내용을 한눈에 알아볼 수 있다. 특정 은행의 전자가계부를 이용하면서 전체 금융권의 모든 거래를 통합관리할 수 있는 기능도 확산되고 있다. '계좌 통합관리 서비스'는 은행·증권·보험 등 여러 금융기관에 흩어져 있는 계좌 정보를 하나로 묶어 깔끔하게 자동 정리해주는 기능이다.

이 밖에도 은행들은 전자가계부를 작성하면 자산과 부채 변동을 그래프로 출력할 수 있는 기능까지 제공하고 있다. 지출이 얼마나 늘어나고 줄어드는지, 수입은 어떻게 변동하고 있는지, 가계의 적자와 흑자는 언제 늘어나고 줄어드는지 등을 일목요연하게 정리한 그래프로 한 눈에 볼 수 있다.

이제 종신고용의 시대는 끝났다. 스스로 생존하는 법을 터득해야 한다. 당신은 가족이라는 기업을 이끌고 있는 CEO이고, 한 가정의 재무 담당자이며, 펀드매니저다. 매일 수입과 지출을 따져보지 않는 기업이 망하고 마는 것처럼 가계도 그렇게 운영되어야 한다.

살림 업그레이드를 위한 **6**가지 좋은 습관

1_가계부를 쓰자.

2_인터넷 이용을 습관화하자.

(인터넷 뱅킹 · 인터넷 공동 구매 · 가격 비교 사이트 활용 등)

3_체크카드를 사용하자.

4_공과금 · 통신비 등은 자동 이체로 내자.

5_포인트 · 마일리지 등 공짜는 반드시 챙기자.

6_밀짚모자는 겨울에 사자.(여름옷은 겨울에, 겨울옷은 여름에)

13 제7법칙 / 자녀에게 돈 공부를 시켜라

과거에는 공부를 잘하는 것도 하나의 재테크였다. 사법시험에 합격하기만 하면 곧바로 신분이 상승하여 돈 많은 배우자를 배필로 맞이할 수 있었기 때문이다. 그러나 지금은 사시에 합격하고도 취업을 위해 재수하는 시대가 되고 있다. 반면에 학창시절에 공부와 담을 쌓고 대학은커녕 고등학교 밖에 나오지 못한 학창시절의 낙오자가 창업에 나서 성공하고, 그 CEO 밑에서 일하는 명문대 출신들이 늘고 있는 세상이다.

경제교육이 중요하다

한번 잘못 지은 농사는 내년을 기약할 수 있지만, 한번 실패한 자식 농사는 평생을 두고 후회하게 된다. 그러나 아쉽게도 가정에서나 학교에서나 아이들에 대한 교육은 영어·수학 공부에 치중할 뿐 경제 교육은 철저히 외면하고 있는 실정이다. 아이들이 부모의 성화에 못이겨 학원과 과외로 이리 뛰고 저리 뛰어 다닌 지 이미 오래이지만, 평생 자산이 될 경제교육의 기회는 전혀 갖지 못하고 있다.

요즘 세상이 어떤 세상인가. 이 같은 '편식 교육'에서 과감히 탈피하여야 한다. 자녀를 미래의 종이 아닌 주인으로 키우기 위한 방법은 어렸을 때부터 경제지식을 가르치는 일이다. 또한 늙어서까지 경제력 없는 못난 자식들의 뒤치다꺼리를 하느라 등골이 빠지지 않으려면, 이제부터라도 영어·수학 공부의 10분의 1 아니면 20분의 1이라도 경제공부를 시키자.

자녀 경제교육의 시작은 용돈교육

학교보다 가정에서의 교육이 중요하다. 아이들이 사회생활을 처음 경험하는 곳이 바로 가정이며, 부모가 보여주는 구체적인 행동은 자녀에게 살아있는 현장교육이 되기 때문이다. 그 단적인 예가 용돈교육이며, 이는 경제교육의 시작이자 핵심이다.

청소년 비행 문제의 대부분은 용돈 조달과 관련되어 있다. 주어진 용돈의 범위에서 자기의 생활을 영위하도록 훈련받지 않은 청소년들이 주로 문제를 일으키기 때문이다. 용돈은 아이가 돈을 관리하는 것을 배우게 하는 중요한 학습도구이다. 용돈을 줄 때는 우선 소액에서 시작한다. 일단 용돈을 주고 난 뒤에는 돈이 남든 모자라든 신경 쓰지 말아야 한다. 용돈 범위 내에서 자율성을 최대한 보장해야 아이들이 지출에 대해 책임감을 가질 수 있다. 아이가 고학년이 되면 예산을 세우도록 지도하고, 저축과 지출이 합리적으로 편성될 때는 보상을 통해 금전 관리능력을 키우도록 독려한다.

청소년기의 소비습관이 성인이 되어서까지 영향을 미친다는 연구에도 불구하고 아직까지 '용돈의 경제학' 을 제대로 실천하고 있는 부모들은 드물다. 심지어 어느 아동학자는 용돈교육은 성교육과 같은 비중으로 다루어야 한다고 강조한다.

돈 밝히는 아이로 키워라

한국인들은 '경제' 하면 '돈' 을 연상하여, 경제교육을 일찍 받으면 '돈을 밝히는 아이' 로 성장한다고 보는 시각이 많다. 그러나 경제는 돈의 개념보다 훨씬 넓은 의미를 갖고 있다. 좀 거창하게 말한다면 경제교육은 자녀에 대한 인성교육이다.

미국 경제를 비롯한 세계경제를 휘어잡고 있는 유태인들은 가난을 죄라고 가르친다. 또한 부자는 교육으로 가능하다는 믿음을 가지고 있으며, 또 그렇게 하고 있다. 그러나 우리나라 사람들은 부자는 하늘이 내린다거나 돈을 알려주는 것을 부도덕한 것으로 여긴다. 또한 부자를 비판의 대상으로 여기는 경우가 많으며, 그들의 소비를 부정적인 시선으로 바라본다. 또한 가정에서 이루어지는 대부분의 금전교육이란 '황금 보기를 돌같이 하라' 는 도덕 교과서 수준이다. 은연중에 돈벌이에 대한 관심을 물욕이라 가르치고, 부의 축적에 대해 부정적인 인식을 심어 주었던 것도 사실이다. 이처럼 유태인과 한국인과의 차이는 어릴 때부터 돈과 경제를 제대로 알려주느냐 아니냐에 달려 있다고 해도 과언이 아니다.

경제교육은 실천교육

자녀에 대한 경제교육은 하루 이틀 하고 마는 단기교육이 아니라 지속적인 생활교육이다. 따라서 경제교육의 대상은 어린이만이 아니라 자녀와 부모가 함께 실천해야 할 교육이다. 경제는 사람이 살아가는 데 필요한 생활원리이자 생활지침이다. 바로 이것을 자녀들에게 가르쳐야 한다.

가령 은행이나 상점에 갈 때 자녀를 데리고 가는 것도 좋은 경제교육이 된다. 사실 우리 주변에는 생생한 교육현장이 널려 있다. 이런 곳에서 얻게 되는 경험은 경제에 대한 학습과 태도 형성에 큰 도움을 준다. 또한 가정에서 경제신문 하나쯤은 반드시 구독해보자. 자녀들에게 어려운 경제기사는 보충설명해 주고, 초등학생이나 중학생 자녀에게는 어린이 경제신문을 보도록 한다. 신문에서 중요한 내용은 스크랩하여 냉장고나 자녀의 책상 위 등 자녀가 자주 접촉하는 곳에 부착하여 아이들이 경제기사를 일상적으로 접할 수 있도록 유도할 필요가 있다. 어린이 경제서적들을 읽히고, 경제 교육기관에서 운영하는 프로그램에 참가하도록 하는 것도 좋은 방법이다. 경제교육 프로그램으로는, 방학 기간 어린이들이 직접 모의사업 놀이를 해보는 '비즈 캠프', 건전한 경제인으로 성장하도록 돕는 토론식 수업 방식의 '어린이 경제스쿨' 등이 있다.

경제 마인드를 유산으로 남겨라

돈이 땀 흘려 일한 대가라는 것을 분명하게 가르친다. 이것은 예상치 못한 공돈에 맛을 들이는 통로를 최대한 차단하는 예방책이자 노동의 중요함을 알게 해주는 귀중한 교육이다. 일하는 데서 오는 기쁨과 즐거움을 아는 아이는 나중에 성인이 되어 직장(또는 사업)에서 보람을 얻고 성공도 이룰 수 있다.

또한 돈은 남을 도울 수 있는 자비로운 수단이 될 수 있다는 점도 가르친다. 불우이웃성금 등에 기부할 때는 자녀도 동참하게 한다. 자녀가 자진해서 좋은 일에 돈을 쓰면 아낌없이 칭찬하고 그 돈을 보충해주어 돈을 이롭게 사용하는 지혜를 가르쳐준다. 일상생활 속에서 자녀들에게 경제 마인드를 형성해주는 것은 수십억 원의 유산을 남겨주는 것보다 더 값진 일이다.

미국의 경우 초·중·고등학생들에게 재테크를 가르치는 범국민 캠페인을 전개하고 있다. 월가에는 10대들의 주식 투자 비중이 크게 증가하고 있다. 비록 소액이지만 어렸을 때부터 위험을 배우도록 하는 것이다. 이들이 성장하여 지금 세계금융을 장악하고 있다는 점을 명심하자.

3

풍요로운 노후를 위한
'하지 마라 7가지 법칙'

풍요로운 노후를 위한
'하지 마라 7가지 법칙'

한국사회에서는 요즘 하루 평균 840여 쌍이 결혼하고, 그 절반에 가까운 398쌍이 이혼한다. 결혼한 10쌍 중 약 5쌍이 이혼을 하고 있는 셈이다. 예전에는 30대 부부의 이혼이 압도적으로 많았지만, 지금은 50대 장년층 이상의 이혼소송이 눈에 띄게 늘고 있다. 여태 잘 살았는데 왜 헤어지느냐고 물으면 대답이 한결같이 '억울해서 헤어진다' 는 것이다.

그렇다고 이혼하지 않은 나머지 5쌍은 과연 행복할까? 3쌍은 법적으로만 부부일 뿐 남남처럼 서먹서먹한 관계다. 결과적으로 10쌍 중 2쌍만이 결혼생활에 만족하며 인생을 즐기고 있는 것이다.

그런데도 당신의 인생 끝자락인 노후를 배우자에게 맡길 것인가? 이제 배우자, 자식, 친구— 어느 누구도 믿어서는 안 된다. 그건 너무 순진한 생각이다. 믿는 도끼에 발등 찍힌다는 말처럼 무조건 믿었다가 노후에 불행해지면 어떻게 감당할 것인가? 돌다리도 두들겨보고 건너라. 당신이 믿는 그들은 언제 등돌릴지 모르는 존재들이다. 당신이 늙기 전에 돈을 벌고, 그 번 돈을 꼭 쥐고 있어야 부부가 건강하게 해로할 수 있다. 혹시 짝을 잃어도 새로운 반려자를 구할 수 있으며, 자식들도 서로 모시겠다고 효도경쟁을 하게 된다. 그리고 친구들도 얻을 수 있다. "늙으면 돈이 효자다"라는 사실을 직시해야 한다.

이민 열풍이 불 정도로 우리가 선망하는 나라, 미국. 부부 간에 "아이 러브 유"를 입버릇처럼 속삭이는 미국인들이지만 높은 이혼율로 인해 그들의 가정은 깨져가고 있다. 할리우드 영화에서 보듯 외형상 근사한 집안에는 갈등과 적대감이 존재하고, 자녀의 눈물은 그칠 줄 모른다.

한국은 어떤가? 1990년만 해도 연간 4만5,694건에 그쳤던 이혼 건수는 2000년 11만 9,982건으로, 10년 사이에 세 배 가까이 늘어났다. 이혼율은 해가 갈수록 증가해 2001년 13만5,014건, 작년에는 14만5,324건을 기록했다. 우리나라 이혼율은 전세계에서 은메달 감이다. 이 뉴스에 놀란 사람이 많을 것이다. 웬만해선 깨지지 않던 우리의 가정이 이렇게 힘없이 무너져 내리다니 놀라울 따름이다.

이혼 부부 5쌍 중 1쌍이 황혼 이혼

지금까지는 사랑과 인내가 가정을 유지하는 힘이 되어 왔다. 특히 기혼 여성들은 눈과 코와 입을 막고 10년 세월을 보내는 것이 전통적인 가치관이었다. 그러나 지금은 어림없는 소리이다. 최근 생겨난 황혼 이혼이라는 말도 그런 추세를 반영하고 있는지 모른다. 이혼 부부 5쌍 중 1쌍이 황혼 이혼이라는 통계도 있다(이는 대부분 여성이 주도하고 있다). 어떻게 보면 부부 간의 갈등에는 유효 기간도 없는 셈이다.

이제는 노년도 더 이상 '안전 지대'가 아니다. 배우자와 자녀에게 언제 버림받을지 모르는 위험의 시기이다. 우리나라의 이혼율은 그 증가 추세가 너무 가파르다. 벌써 그로 인해 여러 가지 사회 문제들이 발생하고 있다. 그동안 가족은 우리에게 남은 마지막 성역이었다. 그러나 오늘날 우리 사회의 가족은 바람 앞에 등불처럼 위태로운 상태에 있다.

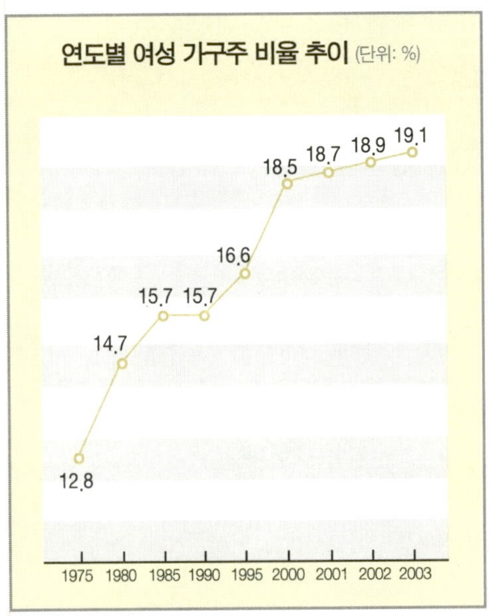

이혼하더라도 재혼하면 된다고? 어림없는 소리다. 노년에 배우자가 당신을 버린 것은, 당신의 육체에 더 이상 미련이 없거나 당신이 경제적으로 무능한 인간임을 증명하는 것이기 때문에 재혼도 쉽지 않다(미국의 경우 대부분의 황혼 이혼은 경제적 문제로 발생한다). 그나마 돈이 있어야 재혼하기 쉽다. 지긋지긋한 사람과 갈라서기만 하면 언제든지 마음 먹기에 따라 이상적인 상대와 재혼할 수 있다는 기대는 환상인지 모른다. 나이가 들면 젊을 때보다 많은 요소를 따지고 두 눈 부릅뜨고 사람을 보기 때문에 사랑에 빠지기가 훨씬 어려워진다.

여기서 잠시 이혼과 관련된 일화 한 토막을 소개한다. 최다 결혼 기록 보유자로 기네스북에 올라 있는 미국인 목사, 글린 스코티 울프는 '결혼 서약' 을 평생 취미로 삼은 인물이다. 결혼할 때마다 "죽음이 우리를 갈라놓을 때까지……"를 맹세했건만 그는 사소한 일에도 눈을 부라렸다. 부인이 침대에서 해바라기 씨를 까먹은 것이 발단이 되어 이혼한 일도 있고, 부인이 남편 칫솔을 쓴 것이 화근이 되기도 했다. 아무튼 88세가 되던 1997년 양로원에서 숨질 때까지 그는 29번 결혼하고 28번 이혼했다. 그를 23번째 남편

으로 받아들였던 마지막 아내 역시 여성 부문 최다 결혼 기록 보유자로 기네스북에 올라 있다. 이혼도 처음 한 번이 어렵지, 다음부터는 별것 아니라는 뜻일까?

아무튼 배우자도 믿지 못하는 세상이 되었지만 아직도 많은 남편들과 아내들은 착각 속에 살고 있다. "우리 남편은 다른 남자들과 달라.", "우리 아내는 남편과 자식밖에 몰라" 하고 말이다. 그러나 이혼하고 남남이 된 이 세상의 수많은 커플들도 처음에는 그랬다. 열 길 물속은 알아도 한 길 사람 속은 알 수가 없는 것이다.

재산은 부부 공동명의로 관리한다

배우자도 믿지 못하는 세상에 사는 지금, '소잃고 외양간 고치기식'이 되지 않으려면 어떻게 해야 할까?

주택같은 큰돈이 되는 재산은 반드시 부부 공동명의로 등기해두고, 등기가 되지 않는 예금 등은 절반씩 나누어 각자 이름으로 해두자. 현행법상 결혼한 부부 간의 재산관계는 '부부별산제'가 적용된다. 부부별산제란 부부의 한쪽이 혼인 전이나 결혼생활 중에 자신의 명의로 된 재산은 명의자의 것이고, 부부의 누구에게 속한 것인지 불분명한 재산만 부부의 공동재산으로 인정하는 것을 말한다.

많은 가정에서 부동산이나 전세금, 예금 등 중요재산은 남편 명의로 해놓은 경우가 많은데 이런 상황에서 이혼을 한다면 아내에게 절대 불리하다. 이 경우 남편이 일방적으로 집을 담보로 대출을 받거나 처분해 버려도 속수

무책이다. 명의를 다른 사람 앞으로 이전해도 전혀 막을 근거가 없다. 주택을 공동명의로 해두면 절세 면에서도 유리하다. 나중에 주택을 팔 경우 양도세를 줄일 수 있기 때문이다. 이는 누진과세되는 양도세와 관련이 있다. 만약 1억 원의 양도차익이 생겼다면 공동명의의 경우 양도차익이 1인당 5천만 원으로 줄고 이에 따라 양도세율이 줄어들어 두 사람의 세금을 합쳐도 혼자 내는 것보다 세금을 더 적게 내게 된다.

혹시 남편이 '여자가 돈을 밝히면 안 된다'고 말하거나 '큰돈 관리는 남자가 해야 집안이 흥한다'고 말하면 일단 의심하라. 우리 남편은 보수적이라거나 유교적 사고방식이 강해서 그렇다고 안일하게 생각하지 말고 부부 공동재산 중에서 자신의 몫을 확실히 해두어야 한다. 가정의 재산관리에서 남편은 주연, 여성은 남성을 돕는 조연의 시대는 이제 끝났다.

얼마 전 결혼한 어느 신혼 부부는 ① 결혼 후의 재산에 대한 권리를 공평하게 갖는 5 대 5 재산 공유, ② 부부가 합의하지 않은 보증은 효력이 없도록 하는 '보증 부담 사전 동의', ③ 부부 중 한쪽이 마음대로 재산을 처분하는 것을 막는 '중요 재산 매입 및 매각시 사전 동의' 등의 조항으로 이루어진 '부부 재산 계약'을 맺었다. 결혼하기도 전에 이혼할 경우를 대비하느냐며 곱지 않은 시선을 보내는 사람들도 있었지만, 그들은 "재산에 대한 권리를 대부분 남편 쪽에서 행사하는 등의 불평등한 요소를 제거하는 것이 돈독한 부부 관계를 유지하는 데 더 도움이 된다"고 잘라 말했다. 일리가 있는 얘기다.

15 제2법칙 / 금융기관을 믿지 말라

우리는 은행·증권사·투신사·보험사를 통틀어 '금융기관'이라고 부른다. 그러나 정확히 말하면 그들은 금융 '기관'이 아니라 금융을 영업으로 하는 '금융기업(회사)'이다. 돈장사를 하는 주식회사로, 일반 기업과 하등 다를 바 없는 것이다. 그러나 대부분의 사람들은 금융회사를 '공공 기관'쯤으로 생각한다. 그들의 광고에 속지 말라. 광고 모델을 볼 때 저절로 생기는 친근감이나 믿음은 그 모델을 고용한 금융기관을 살찌우는 것이지 당신을 부자로 만들어주는 것이 절대 아니다.

약관을 꼭 살펴라

보험을 가입할 때는 간이라도 다 빼줄 것 같던 보험회사가 막상 사고가 발생하여 보험금을 지급할 상황이 되면 안면을 싹 바꾸기 일쑤다. 중국집 배달원이 변호사도 없이 '나홀로 소송'을 제기해 대형 로펌(법무법인)을 앞세운 보험사와의 재판에서 승소하여 시중의 화제가 된 적이 있었다. 금융기관은 고객을 위해 일하는 공익 기관이 아니다. 자기 이익에 부합하기 때문에 고객을 앞세울 뿐이다.

금융거래는 계약서에 해당하는 가입신청서나 약정서 등의 서류 작성에서 시작된다. 필자가 볼 때 고객들은 유·불리를 별로 따지지 않고 쉽게 계약서에 사인을 한다. 일반인과 금전거래를 할 때 철두철미한 사람들도 금융기관에 대해서는 그냥 쉽게 믿어 버리는 경향이 있다. 그래서는 안 된다. 특히 대출을 받을 때나 보험에 가입할 때는 약관을 반드시 체크해볼 필요가 있다. 이해하기 어려운 내용은 금융기관 직원에게 설명을 요구하고 사본을 받아 챙겨두어야 한다.

수익이든, 손해이든 책임은 본인에게 있다

같은 맥락에서 볼 때, 펀드 매니저도 마찬가지다. 펀드매니저는 투자 손실분에 대해 법적으로 책임이 없으며 언제라도 운용 중에 손을 뗄 수 있다. 그들의 운용능력을 따져볼 때에는 그들이 내세우는 평균수익률을 믿지 않는 것이 좋다. 펀드 각각의 설정액 총액을 함께 살펴라. 몇십억 원짜리 수익률은 높은 반면에 몇백억 원짜리 대형 펀드의 수익률은 형편없이 낮다면 그 평균이라는 것이 결국은 믿을 것이 못 된다. 그런데 이런 평균수익률을 앞세워 고객을 현혹시키는 회사들도 있다.

펀드상품의 경우 판매하는 회사와 실제 운용하는 회사가 다르다는 점도 반드시 염두에 두어야 한다. 판매회사와 운용회사는 같은 계열사라 할지라도 법적으로는 남남이다. 서로 모르는 일이라고 오리발을 내밀 수도 있다는 말이다. 판매사는 판매수수료에 목을 매고 영업하는 회사이며, 직원 수당이 판매액과 비례하기도 한다. 불행하게도 고객들이 대화하게 되는 사람은 주로 그런 영업 직원들이다. 그들이 말로 하는 내용은 법적 구속력이 없다는 것을 염두에 두고 약관 등 서류에 쓰인 내용을 꼼꼼히 읽어야 한다. 판매사와 운용사는 고객이 손실을 입더라도 자기들 수수료는 정확히 떼어간다. 그러므로 수수료가 얼마인지도 미리 확인하라. 펀드 운용내용을 투명하게 공개한다고들 하지만 아주 알기 쉽게 만들어 밝히는 곳은 몇 안 된다.

'만기까지 확정 고수익 보장, 고수익 확정금리+α, 고수익 실적 배당…' 귀에 솔깃한 금융 상품 광고들이다. 그러나 순진하게 광고를 믿고 덜컥 상품에 가입했다가 낭패를 경험한 사람이 적지 않다. 실제 내용을 뜯어보면 광고 내용과 큰 차이가 있기 때문이다. 얼마 전 홈페이지에 투자신탁을 '예금'으로 소개하는가 하면, 미래의 예상수익률을 실제수익률인 것처럼 홍보하고, 수익률 게임에서 최고수익률만을 게재하여 투자자들에게 대박환상을 심어준 증권사들이 금융감독원으로부터 시정조치를 받은 바도 있다. 상품 가입에 대한 최종적인 책임은 고객이 질 수밖에 없다.

초보자를 속이는 금리의 마술을 조심하라

우후죽순처럼 등장하고 있는 대금업체 등 사금융 업체들의 대출금리는 가히 놀라울 정도다. 연 수백%의 대출금리도 있다. 법적으로는 연 66%에 묶여 있지만 편법이 동원되는 일이 부지기수다. 그들은 '금리'라는 말을 사용하지 않고 '월 상환액'을 들먹인다. 예컨대 '150만 원을 빌리면 이자로 매월 25만 원만 상환하면 된다'는 식으로 말한다. 이때의 금리는 연 200%나 된다. 금리가 200%라고 하면 고객들이 고금리에 놀라 대출을 받지 않을지도 모르기 때문에 숫자의 혼란을 유도하는 것이다. 만약 금리로 설명해야 할 때는 연이율을 밝히지 않고 '월 16.6%'라고 표시하기도 한다. 신용카드 회사들의 카드 대금 청구서에도 '현금서비스 30일에 2.5%' 이런 식으로 쓰여 있다. 연율 30%라는 숫자보다 월 2.5%라고 쓰면 높은 금리를 숨길 수 있기 때문이다.

가난한 사람들은 돈을 빌릴 때 매월 상환해야 하는 금액이 얼마인가, 즉 상환 금액에 관심을 갖는다. 이에 반해 부자들은 금리에 관심을 갖는다. 이 같은 점을 금융기관들이 놓칠 리 없다. 부자들은 이런 금리 게임에 속지 않는다.

물론 금리라고 다 같은 것이 아니다. 금융기관에서 제시하는 금리를 꼼꼼히 살펴보면 의외로 많은 함정이 숨어 있음을 알 수 있다. 금리의 종류도 표면금리에서 실효수익률까지 여러 가지다.

투자자들에게 중요한 것은 실효수익률이다. 실효수익률이란 이자를 언제 받느냐에 따라 실질적으로 발생한 이자에 대한 이자 수입까지 고려한 수익률을 말한다. 예를 들어 1년제 정기예금을 연 4.3%에 가입하였다면 만기에 한꺼번에 이자를 받는 방식보다는 매월 타가는 방식이 실효수익률이 더 높다는 얘기다.

금융분쟁 발생 시의 현명한 대처방법

만약 '소 잃고 외양간이라도 고쳐야 하는 경우'가 발생하면 어떻게 해야 될까? 금융기관과의 분쟁이 발생하면, 원칙적으로 이해 당사자인 해당 금융기관과 해결하는 것이 이상적이다. 그러나 금융기관의 민원 처리 부서는 고객보다는 소속직원이나 금융기관에게 유리한 방향으로 처리하는 경향이 높다. 따라서 분쟁이 발생했을 때 해당 금융기관을 통하기보다는 상위 감독기관인 금융감독원(금융소비자보호센터 등)을 이용하는 것이 더 유리하다.

그런데, 여기에도 순서가 있다. 억울한 일이 있다고 무조건 상위 감독기관에 해결을 요청하기보다는 먼저 해당 금융기관에 민원을 제기할 것을 통보해야 한다. 민원을 많이 발생시키는 금융기관의 경우 상위 감독기관으로부터 각종 불이익을 받기 때문에 그들은 고객의 통보를 잘 알아듣고 조용히 문제를 해결해줄 수도 있다.

이 책을 읽는 순간부터 '앞으로 내 재산은 내가 지킨다'는 마음가짐을 가지기 바란다. 예금에 가입하는 동시에 통장과 함께 금융상품의 팜플렛이나 약관 등을 챙겨두고 후환에 대비하라.

금융분쟁 처리기관

금융기관	민원 처리 상위기관
은행 · 증권사 · 보험사	금융감독원
새마을금고	새마을금고연합회
주택 · 건설공제조합 .	건설교통부
우체국	정보통신부
예금보험공사 · 신용보증기금	재정경제부

친구나 친지의 빚보증 요구를 차마 거절하지 못하고 보증을 섰다가 나중에 고통을 받으며 후회하는 사람들이 종종 있다. 돈은 남이 빌려 쓰고 빚은 내가 갚아야 하는 처지. 결국 '정' 때문에 '정'을 떼야 하는 셈이다.

보증을 요구할 때 현명한 대처법

보증 피해 예방법을 미리 알아두면 누군가 보증을 요구할 때 현명하게 대처할 수 있고, 또한 친구도 친척도 잃지 않을 수 있다.

1 보증에 관한 한 성악설을 믿어라

임신을 피하는 가장 확실한 방법은 피임약이나 기구를 쓰는 것이 아니라 금욕이라고 한다. 보증도 마찬가지이다. 보증의 피해를 줄이는 가장 좋은 방법은 아예 보증을 서지 않는 것이다. 그 사람은 착한 사람이기 때문에 보증을 서주어도 나에게 피해를 주지 않을 것이라고 생각하지 말라. 보증에 대해서만은 성악설을 믿어라. 돈이 거짓말을 할 수도 있고, 사람이 거짓말을 할 수도 있다는 사실을 명심해야 한다. 다급하면 착한 사람도 나쁜 사람이 될 수 있다. 보증을 서지 않기 위해서는 평소에 그럴싸한 핑계를 댈 수 있도록 이론 무장을 해야 한다. 필요하다면 채무자에게 보증인을 세우지 않는 금융기관을 소개해주거나 보증보험회사의 보증보험증권 또는 신용보증기관의 신용보증서를 활용하도록 유도한다.

2 보증을 부탁한 사람의 신용 조사를 철저히 하라

적당한 핑계거리를 준비했어도 어쩔 수 없이 보증을 서야 할 상황이라면 며칠 시간을 달라고 부탁한다. 그리고 보증을 부탁한 사람에 대한 신용 조사를 철저히 한다. 다니고 있는 직장이나 하고 있는 사업의 현황, 생활 태도, 주위의 평판, 보증으로 빌린 대출금의 사용처 등을 꼼꼼히 살펴본다. 가능하다면 금융기관에서 빌린 대출금 총액과 연체 여부 등도 조사한다.

3 보증 내용을 확인하라

금융기관의 대출보증은 대부분 연대보증이므로 법적 책임은 사실상 채무자와 동일하다. 만일 채무자가 돈을 갚지 못하면 보증인이 대신 갚아야 한다. 따라서 보증인이 금융기관으로부터 채무 변제 독촉을 받았을 때 '채무자에게 먼저 청구하라'고 따지거나 '채무자에게 재산이 많이 있으니 그

재산에 대해 먼저 강제 집행을 하고 나서 그래도 부족하거든 나에게 청구하라' 고 항변할 수도 없다. 연대보증이란, 금융기관이 편리한 대로 채무자이건 보증인이건 따지지 않고 누구에게나 돈을 갚으라고 청구할 수 있는 것이다. 그래서 무서운 것이다.

정말 어쩔 수 없이 보증을 섰다면?

이 경우 보증을 서고 나서의 사후관리가 무엇보다 중요하다. 대출만기까지 절대 방치해서는 안 된다. 대출이자를 제대로 내고 있는지 채무자의 신용 상태를 수시로 확인하고, 필요한 경우 적절한 조치를 취한다. 대출을 취급한 금융기관에서도 보증인에게는 채무자의 연체 사실 등을 친절히 안내해주고 있다.

보증 **10** 계명

1_ 보증의 종류와 성격을 확인하라.

2_ 보증계약서 사본은 반드시 보관하라.

3_ 보증서를 자세히 읽어보고 의문 사항이 있으면 금융기관 직원에게 직접 물어라.

4_ 보증 금액과 보증 기간 등 주요 내용은 반드시 자필로 써넣어라.

5_ 보증서 상에 공란을 남겨두지 마라.

6_ 부동산 등 물적담보만 제공하고 보증을 별도로 서지 않는 경우에는 보증서를 작성하지 말라.

7_ 인감과 신분증은 남에게 맡기지 마라.

8_ 조건부 계약일 때에는 그런 사실을 계약서에 분명히 표시하라.

9_ 보증인이 많을수록, 다른 보증인의 신용도가 높을수록, 물적 담보가 일부라도 제공된 대출일수록, 대출 기간이 짧을수록 보증인에게 유리하므로 채무자에게 이런 조건들을 제시하라.

10_ 회사 임원으로 재직하면서 회사 채무를 보증했다가 그만두게 되면 반드시 금융기관과 회사 앞으로 보증 해지 의사를 통지하고, 금융기관으로부터 보증 채무 범위를 서면으로 확인받아 두어라.

많은 사람들은 부자를 꿈꾼다. 그러나 세상에 부자는 그리 많지 않다. 어느 사회에서나 상위 5%만이 부자, 심지어 1~2%만이 진짜 부자로 분류된다. 부자가 되려면 부자의 줄에 서거나, 95% 이상에 해당하는 가난한 대중의 행동양식과 반대로 가야 한다. 부자들은 소수의 법칙만을 믿고 신뢰할 뿐 대중의 법칙에는 관심이 없는 사람들이다.

부자는 많은 재산을 물려받은 사람들이다 ?

최근 20년 동안 미국을 움직이는 백만장자들의 성장과정과 부침의 역사를 연구한 미국 조지아 주립대학교의 토마스 스탠리 교수는 백만장자들에 대한 광범위하면서도 깊이 있는 연구로 유명한 사람이다. 그가 '부의 세습'

이라는 연구 결과를 발표했는데 내용이 매우 흥미롭다. 그의 연구에 따르면, 미국의 재벌 중 80%는 중산층 또는 노동자 출신이었으며, 그들은 부모로부터 '유산' 대신 '좋은 습관'을 물려받았다. 그들은 부모로부터 '근면·성실·정직·용기·신앙' 등 정신적 유산을 받은 것이다. 자녀에게 물려주는 많은 물질은 잘못 관리하면 곧 사라진다. 그러나 정신적 유산인 좋은 습관은 평생의 보물이 된다. 준비가 안 된 자녀에게 물려주는 많은 재물은 자녀를 방탕과 향락의 늪으로 몰아넣을 뿐이다.

결혼하기 전에는 두 눈을 뜨고, 결혼한 뒤에는 한 눈을 감으라는 말이 있다. 최대한 신중하게 결정할 것이 결혼이지만, 일단 검은머리 파뿌리 될 때까지 함께 살기로 작정했다면 가급적 서로의 허물을 덮어주고 감싸면서 살아야 한다는 얘기다. 그러나 말이 그렇지 이게 어디 쉬운가. 연애할 때는 까맣게 멀었던 두 눈도 결혼하고 나면 번쩍 떠지니 말이다. 그래서 독설가로 유명한 영국 작가 오스카 와일드는 결혼이란 "서로의 오해에 바탕을 둔 것"이라고 꼬집었고, 독일의 시인 하이네는 결혼을 "어떤 나침반도 항로를 발견하지 못한 거친 바다"에 비유했다.

그러나 부자들은 다르다. 연애할 때는 선심과 선물로 갖은 유혹을 하다가도 결혼을 한 뒤에는 '다 잡아놓은 고기에는 미끼를 쓰지 않는다'는 진리 아닌 진리로 무장하는 보통 사람들과 차이가 있다. 부자들은 결혼하기 전에 두 눈을 번쩍 뜨고 아내를 고른다. 특히 그들은 낭비벽이 없는 아내를 두었다는 공통점이 있다.

부자는 돈을 주고 시간을 사는 사람들이다

매일 아침 우리에게 86,400원을 입금해주는 은행이 있다고 상상해보자. 그런데, 그 계좌는 당일이 지나면 잔액이 남지 않는다. 매일 저녁 그 계좌에서 쓰지 못하고 남은 잔액은 그냥 지워져버린다. 여러분들이라면 어떻게 할 것인가? 당연히 그 날 모든 돈을 인출할 것이다.

시간은 마치 이런 은행과도 같다. 매일 아침 86,400초를 우리에게 어김없이 부여한다. 하지만 그날 하루 동안 좋은 목적으로 사용하지 못하고 버려진 시간은 그날 밤 그냥 없어져버릴 뿐이다. 잔액은 더 이상 없다. 물론 더 많이 사용할 수도 없다. 매일 아침, 그 은행은 우리 모두에게 똑같이 새로운 돈을 넣어주고 매일 밤 그 날의 남은 돈은 남김없이 빼앗아갈 뿐이다. 그 날의 돈을 사용하지 못했다면, 손해는 오로지 우리들이 보게 되는 것이다. 시간은 거꾸로 돌아갈 수도 없고, 내일로 연장시킬 수도 없다. 단지 오늘 현재의 잔고를 갖고 살아갈 뿐이다. 그러니 건강과 행복, 성공을 위해서 최대한 사용할 수 있을 만큼 뽑아 쓰는 것이 현명하다.

부자냐 가난하냐를 따지지 않고 모든 사람에게 가장 공평하게 주어지는 것이 시간이다. 그러나 가난한 사람들은 시간의 중요성을 잘 모른다. 반면에 부자들은 복리 효과를 아는 것처럼 시간의 가치를 알고 있으며, 돈으로 시간을 사는 사람들이다. "우리가 헛되이 보낸 오늘은 어제 세상을 떠난 사람들이 그렇게도 원했던 내일이 아니던가!" 오늘은 우리에게 남아 있는 생의 첫 날인 점을 명심하고 시간을 잘 활용하라.

'하면 된다'는 확신을 가져라

〈백만장자 키워드〉는 마크 피셔의 자전적 소설이다. 스승 밀리어네어와 마크가 주고받는 대화 속에 '백만장자 키워드'가 녹아 있다. 그의 가르침에 힘입어 마크는 6년 만에 백만장자가 됐다. 어떻게 가능했을까? 우선 "내가 부자가 될 수 있다는 가능성을 믿어라!" 밀리어네어가 첫 번째로 가르친 키워드다. 공허하게 들릴 수도 있겠지만, 자신감만큼 중요한 것이 또 있을까.

그 밖의 키워드는 "내가 무엇을 원하고 있는지를 분명히 제시하라", "인생을 바꾸고 싶으면 생각부터 바꿔라", "말의 힘을 믿어라", "그 어떤 문제에 부딪치더라도 정신적으로는 자유로워져라", "잠재 의식을 마음대로 컨트롤하라", "목표, 즉 금액과 기한을 반드시 적어라", "자기 운명의 지배자가 됐을 때부터 불가능은 없어진다", "겨자씨 같은 믿음일지라도 산을 움직인다", "집중력을 키워라" 등이다. 실의에 빠졌던 마크는 10개의 키워드를 명심하고, 6년을 분투해 백만장자가 됐다. 그처럼만 하면 누구나 백만장자가 될 수 있다. 그 가능성을 믿어라!

부자는 소수의 법칙을 따르는 사람들이다

시장(市場)은 모든 사람들의 주머니를 채워 주지 않는다. 단지 소수의 법칙을 따르는 사람들만을 축복한다. 즉, 시장은 95%의 대중의 편에 서지 않고 인내심을 가진 기다림의 법칙을 아는 사람들, 그리고 광기를 두려워하는 사람들의 편에 선다. 누군가가 돈을 번 것은 당신은 관심이 없을 때 물건을 샀고, 그 물건값이 올랐기 때문이다.

또한 부자들은 언제 쓸지 모른다고 은행의 보통예금에 1억 원을 넣어두고 뺐다 넣었다 하는 사람들, '부동산 좋은 게 하나 나왔다더라', '벤처기업 가운데 투자할 만한 곳이 생겼다더라' 등 남의 귀동냥에 선뜻 목돈을 내놓는 사람들은 더욱 아니다. 부자들의 저녁식사는 어떨까? 부자들은 돈줄이 되는 인맥과 정보를 가지려고 노력하는 사람들이다. 부자들의 저녁식사는 맛있는 음식점을 찾아다니는 식사를 위한 식사와 근본적으로 다르다. 믿을 만한 정보를 얻거나 인맥을 쌓기 위해 철저히 계산된 식사를 한다.

일에 대한 열정은 아무도 막지 못한다

부자가 된 사람들 중에는 대학 졸업장을 받지 않고 학교를 그만둔 사람들이 많다. GE의 창업자인 토머스 에디슨, 포드 자동차를 세운 헨리 포드, 마이크로소프트사를 창업한 빌 게이츠, CNN을 만든 테드 터너, 델컴퓨터의 창업주인 마이클 델, 애플컴퓨터를 창업한 스티브 잡스 등이 그렇다. 그러나 이들이 제도권 교육을 제대로 받지 않고 부자가 되었다고 해서 공부를 하지 않아야 부자가 될 수 있다는 역설은 통하지 않을 것이다. 이들이 비록 제도권의 학교 공부는 등한시했을지 모르지만, 자신이 좋아하는 분야에 대한 꾸준한 연구와 열정을 담은 공부는 그 누구보다 많이 한 사람들이기 때문이다.

강남부자와 강북부자의 차이

구 분	강남 부자	강북 부자
연령층	40~50대	65세 이상
재산 등 비밀 유지	가족 친지 등 가까운 사람에게 공개	절대 비밀
자산 운용 주체	부인도 참여	대부분 남자가 직접 운용
상속 · 증여	시작 시점	마무리 단계
금리 민감도	매우 높음	인간관계 중시
공통 관심 투자 대상	1년 만기 정기예금 금리의 2배 수준(연 9% 내외)인 30억 원~50억 원 상당의 부동산	

신한은행 자료

마지막으로 한 가지 더. 부자들은 지금보다 돈을 더 버는 쪽을 생각하기보다는 지금보다 덜 쓰는 쪽을 찾는 사람들이다. 소비를 줄이는 것은 분명 고통이 따르지만, 이 불편함에 익숙해지지 않고서는 부자를 기대하지 마라.

재테크 전문가를 따라가지 말라 *18*

IMF 외환 위기 이후 경제에 대한 관심이 높아지자, 신문·잡지·인터넷 등에 재테크 기사가 홍수처럼 쏟아지고 있다. 그러나 그 많은 것을 소화하기도 쉽지 않고, 내용 면에서 볼 때 '불량품' 도 적지 않은 것이 사실이다. 지금은 진품을 골라내고 엑기스만 찾아 읽는 선견지명이 필요하다. 다시 말해 이제부터는 재테크 기사도 옥석을 가려 읽어야 한다.

글쓴이의 직업을 염두에 두고 행간을 읽어라

신문이나 잡지에 재테크 기사를 쓰는 사람들은 과연 어떤 사람들일까? 주로 금융기관에 종사하는 사람들이다. 최근 몇 년간의 부동산 시장 활황에 따라 금융기관 직원이 아닌 부동산 전문가들이 일부 가세를 하고 있기는 하지만 말이다.

그렇다면 그들은 독자들에게 재테크 포트폴리오를 어떻게 짜라고 제시하고 있을까? 답은 뻔하다. 은행원이 필자로 나서면 정기예금과 같은 은행 상품을, 증권사 직원은 주식 또는 수익증권 등 증권관련 상품, 부동산 전문가는 부동산을 매입할 것을 주로 권한다. 그 이유는 크게 두 가지다. 첫 번째로, 자신이 몸담고 있는 직장에 대한 애사심의 발로다. 만약 은행직원이 은행예금을 하지 말고 주식에 투자하라고 말한다면 주위의 시선을 감당하기가 쉽지는 않을 것이다. 두 번째로, 종합적이고 균형적인 재테크 지식의 부족이다. 자신이 몸담고 있는 쪽이 아닌 다른 재테크 분야에 대한 지식이 얇다는 근본적인 한계를 안고 있는 것이다.

기사가 실린 매체를 확인하라

신문사의 손익구조를 살펴보자. 그들은 독자들이 좋아하거나 관심을 갖는 기사 위주로 편집한다. 그로 인해 독자가 늘어나면 광고 단가가 올라가 돈을 벌게 되는 영업구조다. 만약 주식 시장이 좋지 않으면 주식 기사는 독자들에게 외면당하기 쉽기 때문에 관련 기사의 게재가 줄어든다. 다른 말로 한다면 신문은 대중의 관심과 반대로 가는 역발상 투자를 권하기가 쉽지 않다. 오히려 '묻지마 투자'를 부추길 수도 있다.

또한 신문사에서 재테크 기사를 써달라고 재테크 전문가에게 원고 청탁을 할 때에도 최근 트렌드와 맞는 분야를 써달라고 요청하는 것이 대부분이다. 최근 몇 년간 부동산 투자에 대한 재테크 기사가 과거에 비해 폭발적으로 늘었다는 것이 그 반증이다. 이런 이유로 신문의 재테크 기사는 "대중과 반대로 가는 5%의 소수만이 돈을 벌 수 있다"는 냉혹한 투자 세계를 반영하지 못하게 된다. 주가지수가 네 자리인 1,000포인트 대로 올라가면 신문 기사는 온통 '2,000포인트 가능' 따위 장밋빛 전망으로 도배질된다.

앞으로 재테크 기사를 읽을 때는 그 매체를 염두에 두고 읽어야 돈을 벌 수 있다. 다시 말해 신문의 재테크 기사는 시중의 투자 트렌드를 읽는 것으로만 활용하는 것이 좋다.

재테크에 영원한 도사는 없다

재테크에서 언제나 성공하는 비법은 없으며 그런 사람도 없다. 영어회화에 왕도가 없는 것과 마찬가지다. 말도 안 되는, 무슨 무슨 법칙이나 기술을 운운하며 독자들을 현혹하는 기사나 책, 그리고 그런 말을 퍼뜨리는 사람들에게는 이제 더 이상 눈길을 돌리지 마라.

재테크 성공 비법은 간단하다. 즉, 수익률을 높이거나 위험을 낮추는 요인을 찾아내어 한쪽은 최대화하고 반대쪽은 최소화하는 길뿐이다. 재정경제부 장관이나 한국은행 총재 그리고 경제학 교수가 재테크 전문가는 아니다. 그러나 그 자리에 있는 사람들의 말은 항상 주시해야 한다.

"어렸을 때의 독서는 인간을 성숙하게 만들지만, 성인이 되어 책을 읽으면 돈이 생긴다"라는 말이 있다. 맞는 말이다. 책이나 신문 기사는 분명히 가려서 읽어야 하지만, 보통 1만 원 정도만 투자하면 책 속의 필자를 만날 수 있고 간접경험도 쌓을 수 있다.

 # 아메리칸 드림을 쫓지 말라

많은 사람들이 '탈(脫)코리아'를 외치고 있다. 최근 한 TV 홈쇼핑 업체에서 선보인 이민상품이 대박을 터뜨린 후 해외 이민 알선업체에는 이민 문의가 급증하고 있는 실정이다. 이민 바람은 중산층에까지 불고 있다. 그러나 한국 땅이 싫어서 떠나는 현실 도피적인 이민의 경우 결국에는 당신을 불행하게 만들 것이 분명하다. 낯선 이국 땅에서 적응하기란 결코 쉽지 않다. 사업에 실패하거나 현지 적응을 못해 되돌아오는 역이민이 매년 15% 속도로 늘고 있는 것만 봐도 그렇다. 이제 싫든 좋든 한국 땅에서 승부를 걸어라.

현실도피적 이민은 이제 그만

배가 고파 생계형 이민을 떠나던 1960년대나 선진국형 이민을 떠나는 2000년대나 이민자들이 한결같이 내세우는 이민사유는, '자녀 교육을 위해서'라는 것이다. 과연 실제로 맹모형 이민이 대세를 이루고 있을까? 이민을 떠나는 사람들이 자녀 교육을 내세운 이면에는 자신의 미래에 대한 불안감이 자리잡고 있음을 부인하기 어렵다. 한국에 있을 때보다 더 높은 행복을 추구하려는 부모들이 현실 탈출형 이민을 부추기고 있는 것이다. 현실도피를 위해 무작정 떠나는 준비없는 이민은 실패하기 마련이고, 역이민자가 되어 다시 한국으로 돌아오면 경제적인 실패자로 친족들과의 관계도 멀어진다. 이민을 가지 말라는 친척들의 하소연도 뿌리치고 작년에 캐나다로 이민 갔다가 1년 만에 되돌아온 회사원 K씨의 경우가 돈도 친족도 잃어버린 한 예다. 차라리 이민갈 열정이 있으면 한국땅에서 승부를 걸어라.

교육은 단거리 경주가 아니다

하늘 아래 지구 위에 외국이라고 우리나라와 얼마나 다를까. 물론 미국이나 캐나다 등 선진 국가의 교육 환경이 우리나라보다 더 좋은 것은 사실이다. 그러나 교육은 단거리 경주가 아니다. 아이들이 영어를 잘 구사한다고 해서 반드시 성공하는 것도 아니다. 이민 가서 겪는 고생은 상상하기도 힘들다. 교민 사회에 가보면 자녀 교육에 실패한 사람들이 예상보다 훨씬 많다. 이민 간 사람의 상당수가 한국인을 상대로 살아가기 때문에 한국 사회와 다른 것도 별로 없다. 국내 대학 낙방생이 미국의 명문 대학에 합격한 것을 두고 우리나라 교육정책을 탓하며 '교육인적자원부가 놀아야 교육이 산다' 고 주장하는 사람도 있다. 물론, 우리 교육이 문제가 없다는 것은 아니다. 그러나 미국 아이들보다 한국 유학생들이 미국 역사를 더 잘하고, 또한 같은 지식을 가르치더라도 한국 학생들이 더 빨리 배운다. 언어가 익숙치 않은데도 말이다. 망가졌느니 무너졌느니 아우성을 치지만 그래도 한국 교육이 그렇게까지 잘못된 것은 아니라는 반증이다. 우리 교육의 문제점을 정부의 잘못으로 돌리기에 앞서 우리 부모들의 반성이 있어야 한다. 키 순서대로 학생을 뽑는다면 우리나라의 많은 부모들은 앞다투어 키가 크는 과외라도 시킬 사람들이기 때문이다.

한국은 기회의 땅이다

미국에서는 갑자기 큰돈이 생길 구멍이 없다. 부동산을 사두어 벼락부자가 되거나, 주식에 투자하여 수십 배의 이익을 남길 확률도 한국보다 훨씬 낮다. 촌지나 떡값 같은 부정적 관행도 없으며, 수백 %의 사채놀이도 할 수 없는 곳이다. 빤한 수입과 만만찮은 지출, 그리고 눈먼 돈이 생길 곳이 없는 나라가 바로 미국이다. 미국은 '기회의 땅' 이라고 하지만 그것도 옛날 말이다.

반면에 한국은 어떤가. 말 그대로 기회의 땅이다. 한국만큼 사업을 잘할 수 있는 나라는 이 지구상에 없다. 그래서 전세계의 진짜 프로들은 지금 한국으로 쏟아져 들어오고 있다. 그런데 정작 한국 사람들은 외국으로 떠난다. 외국 사람들이 한국에 들어오는 것은 자선사업을 하기 위해서가 아니다. 돈벌이가 되기 때문에 한국으로 들어오는 것이다. 프로들의 눈에는 한국의 길바닥에 돈이 굴러다니는 것이 보인다고 한다.

한국에서 안 되는 일이 외국에 간다고 해서 술술 풀리는 것은 아니다. 도피용으로, 억울해서, 실패해서 외국으로 떠나는 것은 안 된다. 어느 사회든, 사람 사는 곳이면 부조리가 있고 문제가 있다. 아메리칸 드림은 없다. 그건 기적 이상의 환상이다. 이제 코리안 드림을 꿈꾸자. 한국 사회가 미국에 비한다면 많이 어설픈 것이 사실이다. 그러기에 떠나야 한다지만, 역설적으로 바로 그렇기에 여기가 기회의 땅이다. 가난한 사람들도 틈새를 잘 노리면 부자가 될 수 있는 나라가 한국이다. 물론 해외를 둘러보는 것은 좋다. 그러나 한국을 떠나겠다는 자세는 버려야 한다. 진짜 프로는 한국을 떠나지 않는다.

'한국 사회에 지쳤다' 거나 '한국을 포기하고 싶다' 는 말이 우리의 30~40대 입에서 거침없이 쏟아져 나오고 있다. 또한 '기회가 되면 이민 가겠다' 는 사람이 20대와 30대의 절반이 넘는다고 한다. 사오정(45세 정년)과 오륙도(56세 직장인은 도둑)로 상징되는 불안정한 고용구조는 젊은 세대로 하여금 장래에 대한 극도의 불안감을 주고 있다. 그러나 한국 경제가 어렵다고, 그리고 미래가 보이지 않는다는 이유로 한국을 떠나겠다는 자세는 바람직하지 않다. 그래도 세계에서 경제성장률이 높은 나라 중 하나가 한국이다. 이제 기회의 땅! 한국에서 승부를 걸어 보라.

"37년생 서두르면 손해보니 여유를 가져라. 49년생 투자하면 성공한다. 61년생 화장을 짙게 한다고 인상이 좋아지는 것은 아니다." 한 신문에 실린 오늘의 운세다. 운칠기삼(運七技三). 세상 만사는 운이 70%를 좌우하고, 재주나 노력으로 이루어지는 것은 고작 30%뿐이라는 얘기인데, 정말 그럴까?

작은 부자는 노력이 낳는다

얼마 전 한 신문에서 부자들은 대체로 재운이 많은 사람들이라는 기사가 있었다. '큰 부자는 하늘이 낳고 작은 부자는 노력이 낳는다' 는 말처럼, 큰 부자가 되기 위해서는 운이 충분조건은 아니더라도 필요조건일 수는 있다. 하지만 소위 사주팔자가 좋지 않은 사람 중에도 부자가 많다는 것 또한 부인할 수 없는 사실이다.

그렇다면 부는 어느 정도가 운수 덕분이고, 어느 정도가 재능이나 노력의 결과일까? 세계 제일의 부자인 빌 게이츠는 미국 가구의 하위 30% 이상에 해당하는 부를 가지고 있다고 한다. 그렇다면 과연 그에게 수천만 명의 재능을 한데 모은 만큼의 재능이 있는 것일까? 만약 그가 1970년대의 사업가였다면 지금과 같은 막대한 부를 손에 넣을 수 있었을까? 분명 그렇지 않을 것이다. 다시 말해 부를 축적하는 게임은 사회적·경제적·기술적 불균형을 최대한 활용하는 것이 핵심이다. 그렇기에 세계적인 큰 부자 빌게이츠에게 운이 없었다고는 할 수 없을 것이다.

그러나 그저 운이 좋기만 한 것으로 부자가 될 수는 없다. 적시에, 꼭 필요한 장소에, 운 좋게 그가 있었다는 것만으로는 부족하다는 의미다. 적시에 꼭 필요한 장소에 있을 만큼 운이 좋은 사람이 한 명만 있는 것은 아니기 때문이다. 행운을 이용할 재능 역시 갖추어야 한다. 이들 중에서 누가 성공 레이스에서 우승하느냐는 운의 문제가 아니다. 필요한 재능을 갖추고 적시에 꼭 필요한 장소에 있어야 하기 때문이다.

빌 게이츠는 졸업하면 8~10만 달러의 연봉이 보장된다는 하버드 대학을 돌연 중퇴하고 마이크로소프트 회사를 차리면서 "전세계 PC에 내가 만든 소프트웨어를 사용토록 하겠다"는 디지털 버전의 꿈을 키웠다. 그리고 그 꿈을 실현하는 순간 그는 세계 최고 갑부가 되었다. 당시에도 애플컴퓨터의 설립자 등 '또 다른 마이크로소프트'를 설립할 수 있었던 사람은 빌 게이츠 말고도 많이 있었다.

능력을 키우지 않으면 행운을 잡을 수 없다

운이 좋으면 다른 사람보다 조금 빨리 부자가 될 수 있을지 모른다. 그러나 행운 하나로 부자가 되기는 쉽지 않다. 얼마 전, 팀 몽고메리가 100미터를 9.78초에 달려 세계 신기록을 갈아치운 것은 뒷바람이 초속 2미터로 불어준 '행운'의 힘이 컸다. 하지만 그의 성공이 순전히 운 때문만은 아니다. 몽고메리는 이미 100미터를 9.84초에 달리는 '마하 인간'에 속해 있었다. 별과 물체의 움직임을 관찰해 운동의 제1·2·3법칙을 발견한 물리학의 아버지, 뉴턴도 "천체 운동은 센티미터와 초 단위로 잴 수 있지만, 정신 나간 군중이 시세를 어떻게 끌고 갈지는 정말 알 수 없다"는 말로 주가 예측의 어려움을 토로했다. 그렇다고 운만 믿고 무작정 증시에 뛰어들면 밝은 빛에 홀려 불꽃 속으로 돌진하는 불나방처럼, 그 앞에는 죽음만이 기다리고 있을 뿐이다.

로또의 환상에서 깨어나라

신문지상에 몇몇 사람들이 도박으로 구속되었다는 소식이 들려온다. 개개인이 판을 벌여 한 명에게 몰아주는 도박을 국가에서는 엄벌에 처하고 있다. 하지만 국가에서 차려주는 도박판은 권장되고 장려된다. 공익사업에 기여한다는 미명 하에 수많은 복권들이 만들어지고 있는 것이다. 하지만 정작 복권을 구입하는 사람들은 공익사업에는 아무런 관심이 없다. 오직 대박의 환상만을 갖고 있을 뿐이다. 결국 복권은 일주일 간의 대박에 대한 환상의 대가로 정부가 국민들로부터 거둬들인 세금인 셈이다.

로또 1등 당첨 확률을 한번 따져보자. 중·고등학교에서 배운 수학 공식만 동원해도 1등 당첨 가능성은 간단히 계산할 수 있다. 45개의 숫자 중에서 6개를 맞히면 1등이 되므로 계산식은 '6/45×5/44×4/43×3/42×2/41×1/40' 이다. 당첨 확률이 무려 814만 5,060분의 1이다. 사람이 한평생 벼락맞을 확률이 600만분의 1이라고 한다. 한 사람이 매주 1만 원(5게임)씩 구매한다면 연간 260게임을 하는 셈이므로 3만1,327년 만에 한 번 1등에 당첨될 수 있다.

도박은 일종의 확률이다. 대박을 꿈꾸는 사람들은 이미 정해진 확률을 바꿀 수 있다고, 또는 확률이 아무리 낮아도 그 행운이 나에게 올 수 있으리라고 믿는다. 그러나 1등 당첨이 "골프를 치다가 벼락을 맞은 사람이 응급실에서 방울뱀에게 물려 죽을 가능성과 같다."는 외국의 유명한 경제학자의 촌평은 시사하는 바가 크다.

경기가 나쁠수록 복권은 잘 팔린다. 희망이 없는 사회일수록 대박에 집착하는 사람들이 많아진다는 증거다. 그러나 "술은 일신을 망치고, 색(色)은 집안을 망치며, 도박은 고을을 망친다"라는 말이 있듯이 가능성이 희박한 미래에 현재의 모든 것을 던져버리는 한탕주의에 빠지면 쪽박을 차고 나서야 대박의 꿈이 허망했다는 사실을 알게 된다.

한 치만 더 파라

여기서 한 청년의 이야기를 소개하고자 한다. 한 청년이 부모에게 물려받은 전재산으로 금광을 매입했다. 청년은 모든 열정과 지혜를 동원하여 땅을 팠으나 금맥을 찾지 못했다. 파산 위기에 몰린 그는 광산을 헐값에 팔아 넘겼다. 그런데 광산을 인수한 새 주인이 땅을 한 치쯤 파고들자 금맥이 나타났다. 노다지를 발견한 것이다. 새 주인은 일약 대부호가 됐다.

청년이 이 소식을 들었다. 그는 광산을 팔아버린 것을 무척 후회했다. 그러나 절망하지는 않았다. 이것을 계기로 매우 중요한 교훈 하나를 얻었기 때문이다. "한 치만 더 파고들자." 그는 이 신념을 가슴에 품고 보험설계사 일을 시작했다. 그는 고객들을 끈질기게 설득해 불가능하게만 보이던 보험 가입을 잇달아 성사시켰다. '한 치만 더' 라는 신념으로 일한 결과 그는 1년 만에 세일즈왕이 되었다. 행운이 아닌 불운이 성공의 원동력이 된 셈이다.

당신은 지금 현재의 가난을 불운 탓으로만 돌리고 있지는 않은가? 이제부터라도 '한 치만 더 파겠다' 는 자세로 온몸을 던져라. 그러면 부자로 가는 가파른 계단은 한층 오르기 쉬워질 것이 분명하다. 당신이 수백억 원대의 재산가가 되느냐 마느냐는 하늘(운)에 맡기자. 그러나 10억 원대의 부자가 되는 것은 자신의 노력으로 얼마든지 가능하다.

2050세대 실전 재테크(공통편)

4

2050세대
돈 관리법(공통편)

경제적인 측면에서 인생의 라이프 사이클은 준비과정, 생산과정, 노후과정이라는 3단계로 구성된다. 이 사이클을 이해하고 노후에 대비하여 젊은 시절부터 '돈 관리'를 잘하는 사람들만이 돈의 하인이 아니라 돈의 주인으로 행세할 수 있다. 돈 주인들은 경제적 자유를 얻고 궁핍으로부터 자유로워지기 위해 일일이 돈을 찾아다니지 않고, 돈이 자신을 따라오게 만드는 비법을 알고 있다. 또한 황금보기를 돌같이 하는 것이 아니라, '부자 아빠 가난한 아빠'의 저자 기요사키가 말한 것처럼 돈이 부족한 것이야말로 악의 근원이라고 생각한다.

나이에 관계없이 풍요로운 노후를 위한 첫걸음이자 지름길은 투자공부다. 투자공부는 종자돈을 만드는 시간는 짧게, 그리고 굴리는 시간은 길게 해주는 마법사라 할 수 있다. 돈에 대한 관리법을 터득하면, 인생의 라이프 사이클에서 짧은 준비과정에도 불구하고 상대적으로 안정된 노후를 보장받을 수 있을 것이다.

재테크의 필수, 개인연금 *21*

앞에서 이야기한 대로 저축과 투자, 국민연금이나 퇴직금만으로는 노후준비에 한계가 있기 마련이다. 따라서 가급적 젊었을 때 사적연금인 연금저축을 최대한 활용하는 것이 좋다. 저금리 탓에 수익률이 많이 떨어지긴 했지만, 소득세 감면효과와 소득공제 혜택 등을 감안하면 여전히 타상품 대비 높은 수익률을 기대할 수 있기 때문이다.

연금저축 가입은 선택이 아닌 필수

연금저축을 가입할 때에는 거래 금융기관이나 상품 선택에 신중을 기해야 한다. 가입기간이 장기인 데다가 상품의 종류가 다양하고 서로간에 장단점이 많으므로 충분히 비교하고 검토해야 한다. 연금저축은 크게 보험상품,

은행상품, 투신상품으로 나눌 수 있다.

보험회사의 연금보험은 "20년 동안 돈을 납입하고 55세부터 받는다"는 식으로 가입한다. 연금보험은 세제 혜택에 따라 다시 크게 2가지로 분류된다. 납입 보험료에 대해 연말에 소득공제를 받는 신개인연금(연금저축), 소득공제 혜택은 없지만 7년이 지나면 이자소득에 대해 비과세가 적용되고 보험료 납입기간이 끝난 후 받는 연금에 대해서도 세금이 붙지 않는 일반연금 등이다.

연금보험은 은퇴 후 경제력을 잃었을 때 노후자금 마련을 위한 상품으로, 재테크는 물론 특약을 통해 위험 및 질병을 보장받을 수 있어 보험 업계의 '스테디 셀러'로 자리잡았다. 연금보험은 정년 퇴직 또는 은퇴 후 필요한 생활비를 산출해 적당한 가입 금액을 정하는 것이 중요하다. 국민연금이나 퇴직금 등 예상 가능한 수입을 계산해서 생활비에서 모자라는 차액만큼 연금보험의 금액을 정하면 된다. 이때 국민연금은 공단의 재정상태에 따라 연금 개시 연령이나 지급액이 변할 수 있음을 고려해야 한다.

연금보험에 가입할 때는 먼저 소득공제 혜택을 받을 수 있는 연금저축에 가입할 것인지, 소득공제는 받지 못하지만 이자소득세나 연금소득세를 면제받을 수 있는 일반연금(생보사 전용)에 가입할 것인지를 결정해야 한다. 소득공제형 연금저축은 납입기간 중 연간 240만 원까지 소득공제 혜택이 있어 샐러리맨들에게 인기가 높다. 그러나 중도해약을 하면 세제 혜택분만큼 다시 토해내야 하고 세금으로 5.5%를 내야 한다. 이에 비해 생보사 전용 일반 연금보험은 소득공제 혜택은 없지만, 가입한 지 7년 이상(2004년부터는 10년) 지나면 해약해도 이자소득세를 물지 않으며 연금을 수령할 때도 연금소득세가 없으므로 고액의 연금 설계에는 연금보험이 상대적으로 유리하다.

연금보험 선택 요령

연금 개시연령이 다양한 상품이 좋다. 일찍부터 연금을 받으려면 50세 이전 연금 개시형을 택하면 되고, 높은 나이까지 충분한 소득이 가능하다면 되도록 늦게 연금이 지급되는 상품을 고르는 것이 좋다.

연금 지급방법의 선택도 중요하다. 사망할 때까지 연금을 계속 지급하는 종신연금형, 일정 기간 동안만 연금을 지급하는 확정연금형, 생존할 때는 연금을 수령하다가 사망하면 유가족에게 목돈을 물려주는 상속연금형, 그밖에 개인형과 부부형, 정액형과 체증형 등이 있다. 연금 개시 시점에서 고객이 원하는 연금 형태를 지급하는 상품이 유리하다.

또 긴급 자금이 필요할 때 돈을 빼 쓸 수 있는 중도인출제도나, 나중에 여유 자금이 생겼을 때 연금을 더 받기 위해 별도의 보험료를 추가 납입할 수 있는 제도가 있는지의 여부도 고려해야 한다(한도는 회사마다 차이가 있으나 보통 납입기간 중에 보험료의 100%까지 증액이 가능하다).

연령이 높아질수록 질병에 걸릴 확률이 높아지므로 보험사에 가입할 경우 보장 관련 특약을 선택하여 사망·재해·질병 등을 보장받는 편이 유리하고, 목돈이 있으면 '일시납 즉시연금'을 활용하는 것이 좋다.

마지막으로 연금보험은 보험 기간이 장기이므로 연금을 지급해줄 수 있는 보험사가 우량한 회사인지 확인하는 것도 중요하다.

은행권의 연금신탁

은행의 연금신탁에도 주목할 필요가 있다. 연금보험과 연금신탁은 노후를 대비한다는 점에서는 목적이 같지만 세부적으로는 많은 차이가 있다. 우선 연금보험에 가입하면 종신형상품이 있어 죽을 때까지 연금을 받을 수도 있다. 반면에 은행의 연금신탁은 기간을 정해놓고, 즉 10년·20년 하는 식으로 연금을 지급한다. 따라서 장수하는 사람에게는 오랫동안 연금을 수령하는 연금보험이 유리하나, 수익률에 있어서는 은행의 연금신탁이 연금보험보다 높다. 은행의 적금이 보험사의 저축성보험보다 수익률 면에서 유리한 것과 마찬가지 이치다.

결론적으로, 미래 위험에 대한 사고 보장을 원한다면 연금보험에, 보장은 없더라도 연금수령액을 많이 받고자 한다면 은행의 연금신탁 상품에 가입하는 것이 유리하다. 이처럼 은행의 연금신탁과 보험사의 연금보험은 서로 일장일단이 있기 때문에, 효율적인 노후대비를 위한다면 두 상품을 적절히 조합할 필요가 있다. 한 쪽의 부족한 면을 다른 상품이 보완해주기 때문이다.

수익이 높은 곳으로 갈아타라

연금형신탁에 가입할 때 제일 중요한 고려사항은 해당 금융기관의 운용능력이다. 약속한 금리를 보장해주는 예금과 달리 신탁은 금융기관이 돈을 굴린 실적에 따라 수익률의 차이가 심하기 때문이다. 수익률이 1~2%만 차이가 생겨도 노후에 지급받는 연금액에 큰 차이가 난다. 예를 들어 매달

20만 원씩 30년간 불입하고 이후 20년간 연금을 수령할 경우 배당률이 연 7%라면 매달 185만 원씩 수령할 수 있다. 그러나 배당률이 6%로 떨어지면 매달 142만 원, 5%로 떨어지면 109만 원에 불과하다. 따라서 연금형신탁에 가입한 사람은 은행별 수익률을 잘 따져보고 꾸준히 높은 수익률을 내는 곳으로 갈아타는 것이 유리하다.

참고로 개인연금 배당률은 전국은행연합회(www.kfb.or.kr), 생명보험협회(www.klia.or.kr), 손해보험협회(www.knia.or.kr), 투자신탁협회(www.kitca.or.kr) 홈페이지에서 손쉽게 조회할 수 있다.

다 쓰고 죽기에 알맞은 '즉시연금'

흔히 연금이라고 하면 젊었을 때부터 돈을 꾸준히 적립했다가 은퇴 후에 매달 얼마씩 받아 쓰는 상품을 떠올리게 된다. 이런 적립식 연금상품의 주된 가입 대상은 노년층이 아니라 30~50세대다.

그렇다면 젊었을 때 미리 적립식 연금에 가입하지 않은 채 은퇴를 맞게 된 사람은 어떻게 해야 할까? 재산은 어느 정도 있지만 돈을 굴릴 자신이 없는 경우, 한꺼번에 보험료를 납입하고 다음달부터 연금으로 받는 '즉시 연금식 상품'에 가입할 수 있다. 목돈을 넣어두고 원리금을 합쳐 매월 얼마씩 연금으로 받아가는 상품이다. 이 상품은 은행과 보험회사, 두 곳에서 모두 취급한다.

연금저축 상품별 특징

구 분	은 행	투자신탁회사 (농·수협 포함)	생명보험사 (우체국 포함)	손해보험사
성 격	신탁＋연금지급	신탁＋연금지급	사고보장＋연금지급	사고보장＋연금지급
납입방법 (월 1백만 원 이내)	자유적립	자유적립	정액식	정액식
상품형태	채권형 주식형	국공채형 채권형 주식형 등	고정금리형 금리연동형 실적배당형 (변액보험)	고정금리형 금리연동형
수익률	실적배당 (원금보장)	실적배당 (원금손실 가능)	원리금 보장형	원리금 보장형
연금지급방식 (만 55세 이후 지급)	확정연금형 (가입당시 정한 기간 동안)	확정연금형 (가입당시 정한 기간 동안)	확정연금형 종신연금형 상속연금형 (사망 후에도 유가족에게 상속)	확정연금형
소득공제 (세율)	연간 납입액의 100% 소득공제(단, 소득공제 최고한도 240만 원) (연금지급 시 5.5% 과세)			
예금자 보호	1인당 5천만 원	보호대상 아님	1인당 5천만 원 (우체국은 전액보호)	1인당 5천만 원

※ 2001년 2월부터 판매하고 있는 상품을 기준으로 작성한 것임.

종신보험은 가족의 파수꾼

사람들은 두 가지 경우를 대비하여 보험에 가입하는데, 바로 '너무 일찍 죽는' 위험과 '너무 오래 사는' 위험이 그것이다. 이 둘 중 하나는 모든 사람에게 언젠가는 필연적으로 발생하는 일이다. 생명보험은 이러한 위험으로부터 보호받을 수 있는 가장 강력한 경제적 수단이다. 전자의 위험은 종신보험이, 후자의 위험은 연금보험 상품이 보호막이다.

종교는 인생 최대의 위험인 사망 후를 '보장'한다는 점에서 천국행(또는 극락행) 티켓을 잡을 수 있는 천하제일의 보험인지 모른다. 그러나 얼마 전 스님들이 집단으로 보험에 가입하여 시중의 화제가 된 것처럼 종교인들도 종교만으로는 사망 후가 불확실한 모양이다. 아무튼 속세에서만큼은 보험이 가장 믿음직하다.

종신보험은 당신의 사랑하는 가족을 위한 보험이며, 연금보험은 당신 자신의 노후를 위한 보험인 셈이다. 인명은 재천인지라 언제 죽을지 모르는 상황에서 사랑하는 가족을 보호해주는 미래의 안전장치가 종신보험이다. 미국 경제를 주름잡고 있는 유태인들이 즐겨 쓰는 부의 축적수단도 다름 아닌 종신보험이다. 그들은 자녀에게 부를 물려주는 수단으로 종신보험을 이용한다. 평균 100만 달러 이상의 종신보험에 가입하여 자신이 죽은 뒤 보험회사로 하여금 자녀들에게 수백만 달러의 유산을 물려주도록 인생을 설계한다.

종신보험 하나면 가족 걱정 끝

종신보험은 사망 이유에 관계없이 무조건 보험금이 지급되는 대표적인 종합생명보험이다. 오죽하면 "죽고 싶으면 종신보험에 가입한 뒤 2년 후에 죽으라"는 우스갯소리까지 나오겠는가. 종신보험은 가입 후 2년이 지나면 심지어 자살을 해도 가족들이 보험금을 받을 수 있다.

종신보험은 단 하나의 보험상품 가입으로 보험 재테크를 완성할 수 있다는 점이 특히 매력적이다. 건강특약·재해사망특약 등 몇 개의 특약을 부가하면 질병 또는 사고로 인해 고액의 치료비가 필요한 경우에도 대비할 수 있다. 그러므로 여러 가지 보험을 동시에 가입하는 효과를 얻는 셈이다.

또한 종신보험은 재정 설계 기법(Financial Planning)을 통한 개인별 맞춤 설계가 가능하다는 장점을 지니고 있다. 고객의 재산 상태와 경제적 여건, 그리고 미래에 필요한 자금과 준비될 자금 등을 고려하여 보험을 설계하므로, 최소한의 보험료로 최적의 보험금을 탈 수 있는 경제성의 원칙에 부합한 가장 유용한 도구인 셈이다.

종신보험 하나면 미래에 닥칠 수 있는 모든 위험을 한꺼번에 해결할 수 있다는 장점 때문에 보험회사의 부담은 그만큼 커질 수밖에 없다. 따라서 가입자 입장에서 보면 보험료가 다소 비싸다는 점이 약점이 있다. 가입 조건에 따라 보험료가 천차만별이지만 그렇다고 해서 무조건 보험료를 낮추어서 가입하는 것은 좋지 않은 선택이다. 고(高)보장이라는 종신보험 고유의 특성을 해치기 때문이다.

종신보험 가입 요령

첫째, 이왕이면 젊었을 때 가입하라는 것이다. 왜냐하면 나이가 많을수록 위험에 대한 노출빈도가 높아지는 만큼 보험료가 올라가기 때문이다. 독신주의자라면 몰라도, 결혼을 하고 가정을 이룰 사람이라면 가장의 사망이나 질병 및 재해로 인해 가정이 흔들리는 것을 예방하기 위해 젊었을 때 미리 가입하는 것이 좋다.

둘째, 보험약관을 꼼꼼히 읽어라. 불확실성의 시대에 몸 하나가 전재산인 대부분의 샐러리맨에게 이제 종신보험은 선택이 아닌 필수다. 종신보험을 통해 가장으로서 경제적인 책임을 다하겠다는 사람들이 많아지고 있는 것이다. 그러나 보험사마다 종신보험 내용이 각기 다르므로 반드시 약관이나 특약 내용 등을 비교하고 자기에게 유리한 상품을 선택해야 한다. 유사 이래 최고의 베스트셀러는 성경책과 보험약관이라고 한다. 그러나 성경과 보험약관은 큰 차이가 있다. 성경은 베스트셀러이면서 많이 읽혀지는 데 비해 보험약관은 거의 읽혀지지 않는다. 보험약관에는 보험사가 가입자에게 약속하는 각종 내용이 담겨 있다. 보험사로부터 보장내용에 대한 설명을 듣지도 않고 가입하는 사람은 없을 테지만, 그래도 보험 가입자라면 한번쯤 약관을 꼼꼼히 읽어보고 잘 보관해두어야 한다.

셋째, 우량 보험회사를 선택하라는 것이다. 종신보험은 보험료 납입기간이 보통 20년 이상인 장기상품이므로 우량한 보험회사를 선정하여 가입하는 것이 필수이다. 우량 보험사를 선별하기가 쉬운 일은 아니지만, 무엇보다 보험사의 지급 여력을 따져본 다음 자본금 규모와 자산운용 능력 등을 함께 고려해야 한다.

넷째, 자신의 경제적 부담을 고려하여 보험료 수준을 정한다. 보험료 부담액은 사람에 따라 일부 차이가 있겠지만 월 수입의 5~7% 수준이 합리적이다. 갑자기 보험료를 내지 못할 만큼 경제적인 어려움에 처할 경우, 중도 해약보다는 약관대출이나 감액완납제도를 활용하는 것이 좋다.

연령별 맞춤 보험상품

구 분	보험상품	연령별 위험 및 자금 수요 특징
10대 이하	어린이 보장보험	비정상 출산 및 선천성 질환 유괴 · 화상 등의 안전 사고
10대	교육보험 · 청소년보험	골절 등 각종 안전 사고 학교 생활 중 왕따, 식중독 피해 등
20대	저축성 보험(취업 초기) 순수 보장성 상해 보험	교통 사고 결혼 자금 등
30대	종신보험(30대 초 · 중반) 암 · 건강보험 연금보험(30대 중 · 후반)	결혼 후 출산 내집 마련 자금 등
40대	연금보험	암 등 성인병 자녀 교육 자금
50대	실버보험(40대 후반~50대) 실버종신보험	암 등 성인병 자녀 교육 자금 자녀 결혼 자금
60대 이후	효보험	노후 자금 치매 등 각종 노인성 질환

보험에 대한 잘못된 상식 4가지

보험은 원칙적으로 저축이 아니라 소비이다. 보험에 가입한다는 것은 현재 및 장래의 위험 발생에 대비하여 미리 요금(보험료)을 지불하고 '안심'을 사는 구매행위다. 따라서 만기 때 원금을 꼭 되돌려받아야 한다는 생각은, 물건을 사서 쓸 만큼 다 쓰고 물건값을 다시 전액 돌려받으려는 것과 다름없다. "가장 싼 걸로 하나 가입하지 뭐." 이 글을 읽고 있는 대부분의 독자는 아마 이렇게 보험을 들기 시작했을 것이다. 아는 사람이 보험회사에 들어가고, 한 번 두 번 방문하여 부탁을 하고, 번번이 거절하기도 어려워 왠지 손해라는 생각을 하면서 들게 되는 보험. 과연 손해일까? 보험에 대해 우리가 흔히 잘못 생각하고 있는 점에 대해 알아보자.

중도 해약하면 보험사만 좋은 일 시킨다?

원하지도 않는 보험에 가입했다가 중도에 해약하자니 해약환급금이 원금보다 적기 때문에 많은 사람들이 보험을 해약하면 보험사만 이득이 된다고 생각한다. 그러나 해약하기 전 사고나 불행을 당했을 경우 엄청난 혜택을 받는 사람도 있다. 내가 해약을 해야겠다고 마음 먹기 직전에 교통사고를 당하거나 질병에 걸렸다면, 그동안 불입한 금액보다 훨씬 많은, 몇 배 또는 수십 배의 보험금이 지급된다. 그러니 해약환급금이 적다고 해서 손해라고 생각할 것이 아니라 그 기간만큼 보장을 받았다고 생각해야 한다(다시 한 번 강조하지만 보험은 저축이 아니라 안심을 사는 소비 행위이다).

보험사 입장에서도 보험에 소요되는 각종 부대비용을 초년도 보험료로 모두 지불하기 때문에 많은 사업비를 들인 보험을 고객이 중간에 해약하면 손실을 보게 된다. 따라서 보험의 가입은 신중하게, 유지는 오래도록, 해약은 신속하게 결정하는 것이 좋다.

사고보상이 잘 되는 자동차보험에 가입해야 한다?

얼핏 들으면 그럴싸하게 들리지만, 사고보상을 보험사가 직접 해주는 경우는 거의 없다. 사고보상은 피해자 치료 및 차량수리 등을 말하는 것인데, 이러한 일은 병원이나 정비공장에서 한다. 운전자가 보상 청구서류를 병원이나 정비공장에 제출하면 보험사는 그 서류를 심사하여 보험금을 지급할 뿐이다.

그래도 큰 사고가 나면 아무래도 큰 보험사가 더 낫지 않겠느냐는 생각을 할 수도 있다. 그러나 큰 사고일수록 대형 보험사에서는 보험금 지급에 더 까다롭게 굴 가능성이 많다. 따라서 자동차보험에 가입하면서 사고보상이 잘 되는 보험사를 열심히 고를 필요는 없다. 금융감독원에서 경영에 문제가 있다고 공개한 보험사가 아니라면 사고보상에는 별 차이가 없기 때문이다.

보험은 아는 사람에게 들어야 유리하다?

대부분의 경우 주위의 아는 사람을 통해 보험을 가입한다. 그러나 꼭 그럴 필요는 없다. 전문적이고 신뢰감을 줄 수 있는 설계사면 된다. 특히 최근에는 조금만 관심을 갖고 보험에 대해 공부하면 보험료를 아낄 수 있는 방편이 많이 있다. 요즘 자동차보험을 중심으로 온라인 보험가입이 급증하고 있다. 전화와 인터넷을 통해서만 가입하기 때문에 보험 모집인에게 지급하는 판매수당이 없고, 지점 및 영업소 운영 비용이 들어가지 않기 때문에 보험사들이 기존에 팔고 있는 보험보다 싸게 가입할 수 있다.

종신보험은 살아 있는 동안에는 보장이 되지 않는다?

종신보험의 가장 큰 특징이 사망 원인에 관계없이 보험금이 지급된다는 것이기 때문에 많은 사람들이 종신보험은 단지 사망만 보장하는 것으로 잘못 인식하고 있다. 그러나 종신보험의 특약을 활용할 경우 생존해 있을 때도 암·성인병·재해 등에 대한 다양한 보장을 받을 수 있다.

보험에 가입하여 돈을 벌겠다는 생각은 잘못이다. 보험은 저축이라기보다는 '비용'에 가깝기 때문이다. 그러나 같은 비용을 들여서 얼마나 많은 효과를 거두느냐는 전적으로 개인의 선택에 달려 있다. 보험을 가입할 것인지 말 것인지가 아니라 큰 보장을 받으면서도 싸게 가입할 수 있는 방법을 찾는 것이 중요하다.

보험에도 '좋은 보험' 과 '나쁜 보험' 이 있다. 보험료가 비싸다고 나쁜 보험은 아니며, 보험료가 적다고 좋은 보험도 아니다. 좋은 보험은 사고를 당했을 때 약속된 혜택을 누릴 수 있는 보험을 말한다. 반대로 사고를 당했는데도 불구하고 약속된 혜택을 받을 수 없다면 이는 나쁜 보험이다. 보험가입이 만약을 대비하여 보험료라는 대가를 지불하고 미래의 '안심' 을 구입하는 행위라는 점을 감안한다면 나쁜 보험은 보험도 아닌 셈이다. 그렇다면 나쁜 보험을 가려낼 수 있는 감별법은 무엇일까?

보험 기간이 짧은 보험＝나쁜 보험

보험 가입자들은 보험 기간을 보험료를 내는 기간으로 잘못 생각하는 경우가 있다. 특히 아는 사람의 소개로 인정에 못 이겨 마지못해 보험에 가입한 경우에 더욱 그렇다. 하지만 보험 기간이란 곧 '보장 기간'이다. 일정한 시간이 지나면 사라지는 위험이라면 몰라도, 보험 기간을 짧게 설정하는 것은 정작 위험이 닥쳤을 때 무보험 상태가 되어버릴 가능성이 크다는 것을 의미한다. 보험 기간이 끝난 뒤 재가입하면 된다고? 하지만 이때는 보험료가 인상되는 것은 물론이고, 건강과 직업상 이유로 가입 자체가 되지 않는 경우도 있다. 특히 질병에 대비한 건강보험을 짧은 기간 가입하는 것은 위험천만한 일이다.

보험료 납입기간이 짧은 보험 = 나쁜 보험

귀찮다는 이유로 보험료 납입기간을 짧게 잡는 경우가 종종 있는데, 이는 가입자 입장에서 전혀 좋을 것이 없다. 물론 '짧게, 많이' 내기 때문에 보험료가 할인된다. 하지만 매달 내는 보험료가 많아지고, 근로소득자의 경우 보험료 소득공제 혜택을 누리는 기간이 그만큼 짧아진다. 또 대부분의 보험상품이 사망 또는 3급 이상의 장해 시 보험료 납입을 면제해주는 내용을 담고 있는데, 납입기간을 짧게 하면 이런 혜택을 누리지 못하거나 적게 누릴 수밖에 없다. 보통 보험료를 '짧게, 많이' 내는 경우가 '길고, 적게' 내는 경우보다 보험 판매자의 수당이 많다는 점도 감안해야 할 포인트다.

보험금 편차가 큰 보험 = 나쁜 보험

발생 가능성이 극히 낮은 특정 사고에 대한 보험금을 뻥튀기하면서 요란하게 광고하는 상품은 특히 유의해야 한다. 예를 들면, 특정 사고로 1급 장해를 입었을 때는 10억 원을 지급하지만, 사망 시에는 보험금이 거의 없거나 적은 상품이 여기에 해당한다. 보험 사고에서 사망에 비해 1급 장해가 발생할 확률이 극히 적다는 점을 분명하게 알고 있어야 한다.

인플레이션을 감안하지 않은 보험 = 나쁜 보험

"10년 전부터 거금을 들여 보험을 가입했는데, 지금 보험금을 타고 보니 아무것도 아니다"라고 말하는 사람들이 있다. 한마디로 인플레이션 때문에 보험에 가입해도 소용이 없다는 얘기다.

그러나 따지고 보면, 보험금의 가치 하락에 대해서는 말을 하면서도 자신이 낸 보험료의 가치 하락에 대해서는 전혀 언급하지 않는 것이 사람의 생리다. 처음에 보험료를 납입할 때는 거금을 내는 것으로 생각하겠지만 시간이 경과하여 60세쯤 되어서 내는 보험료는 이미 인플레이션의 영향으로 가치가 많이 하락한 상태이다.

아무튼 인플레이션으로 인한 보험금의 가치 하락을 막으려면 어떻게 해야 할까? 보험료의 가치 하락분만큼 중도에 추가로 보험을 가입하면 된다. 변액보험 또는 보험금을 일정률씩 증가시켜 지급하는 특정 보험상품에 가입해도 이 문제는 해결된다.

두 마리 토끼(저축과 보장)를 잡는 보험=나쁜 보험

저축과 보장이라는 두 마리의 토끼를 잡을 수 있는 보험은 어떤 보험일까? 결론부터 말해 이 세상에 동일한 보험료를 내고 두 마리 토끼를 완벽하게 잡을 수 있는 보험상품은 존재하지 않는다.

저축성보험은 말 그대로 은행의 적금상품과 같은 저축의 기능과 사망·질병을 대비하는 보장의 기능이 결합된 상품이다. 겉만 놓고 보면 일석이조의 상품처럼 보인다. 그러나 다음의 설명을 듣는다면 그 허점이 명확히 드러날 것이다. 저축성 보험료는 통상 다음 세 가지로 구성된다.

1_위험 보험료 보장 사유가 발생했을 때 보험금 지급에 사용되는 보험료
2_부가 보험료 설계사 수당이나 임대료 등 회사 경비로 사용되는 보험료
3_저축 보험료 저축으로 적립되는 보험료.

보험사는 이 세 가지 보험료 중에서 위험 보험료와 부가 보험료를 제외한 나머지 저축 보험료에 대해서만 고객에게 약속된 금리로 이자를 계산하여 만기에 돌려준다. 즉 위험 보험료와 부가 보험료는 만기에 받는 이자와 아무런 상관이 없기 때문에 은행에 예금을 하고 만기에 타는 이자보다 적을 수밖에 없는 것이다.

이 글을 읽는 지금 이 순간부터 '보험회사=보험상품=보장성' 이라는 원칙 하에 보험에 가입하라. 보험회사는 은행이 아니고 보험상품은 결코 저축의 수단이 아니다. 만약 저축이 목적이라면 보험회사를 멀리하고 은행이나 투신사로 달려가라.

은행예금의 경우 설사 의사결정을 잘못해도 원금을 손해보는 일은 거의 없다. 따라서 얼마든지 궤도수정이 가능하다. 하지만 보험상품은 그렇지 않다. 덜컥 보험에 가입한 후 의사결정을 변경하거나 취소하는 순간, 당신의 귀중한 재산(원금)은 공중으로 날아갈 수도 있다.

24 보험과 주식투자의 앙상블, 변액보험

재테크 얘기가 나오면 주식이나 부동산은 빠지지 않는 단골손님이지만, 보험은 늘 뒷전이다. 그러나 한꺼풀만 벗겨 들어가보면 보험을 등한시하는 사람치고 재테크를 제대로 하는 사람은 드물다. 이제 단순히 보험료를 납부한 뒤 사고가 발생하면 돈을 타 가는 시대는 지났다. 보험 계약자가 적극적으로 자신이 낸 보험료를 운용해 수익을 올리는 보험 재테크 시대가 본격적으로 막을 연 것이다. 주식과 보험의 묘미를 동시에 만끽할 수 있는 투자의 앙상블이 다름 아닌 변액보험이다.

투자 성공하면 보험금 더 많아진다

변액보험이란 보험사가 투자자의 보험료를 주식이나 채권에 투자해 투자

수익을 배당해 주는 '실적배당형 보험상품' 이다. 일반보험이 자산운용 수익률이나 향후 금리 전망 등을 고려한 예정이율을 적용하여 보험금을 지급하는 반면, 변액보험은 고객들이 납입한 보험료 중 일부를 주식·채권에 투자해 그 실적에 따라 보험금을 지급한다. 즉, 계약자의 선택에 따라 납입 보험료 중 위험보험료와 사업비 등을 제외한 적립 보험료를 별도 펀드로 구성해, 운용실적에 따라 투자 수익을 계약자에게 지급하는 선진금융형 보험상품인 것이다. 보험사가 투자에 성공하면 더 많은 보험금을 받을 수 있지만 실패하면 보험금이 깎인다.

변액보험은 성격상 은행의 단위금전신탁이나 투신사의 수익증권과 비슷한 형태라 할 수 있다. 운용실적이 좋을 경우 사망보험금과 환급금이 증가하지만, 운용실적이 악화할 경우 환급금이 원금에 미치지 못하거나 없을 수도 있다. 단, 이러한 경우라도 당초 약정한 최저 사망보험금은 보장이 된다. 결국 운용실적에 관계없이 어떤 형태로든 보험 당초의 목적인 보장의 기능은 갖게 되는 셈이다.

현재 시판되고 있는 변액종신보험은 채권형과 혼합형이 있다. 채권형은 안정성 위주여서 주로 채권이나 대출 등에 운용하고, 혼합형은 고수익을 추구하는 고객을 대상으로 하며 주식에 최대 50%까지 투자할 수 있다. 당초 자신의 성향이나 시장상황을 고려해 적절한 종류의 상품을 선택했다가 주식 및 채권시장의 변동에 따라 시기 적절하게 변경, 이용하면 활용도가 커질 수 있다.

변액보험은 결국 주식시장에 연동한다고 할 수 있다. 주식시장이 활황일 경우 많은 장점을 안게 되어 그 이용도가 늘어나지만, 그렇지 않을 경우에는 그 활용도가 줄어들 수밖에 없다. 미국의 예로 보면 변액보험이 전체 생명보험 시장의 90% 이상을 차지할 정도로 활성화되어 있다.

변액보험 가입의 4가지 체크 포인트

첫째, 재무상태가 우량한 보험회사를 선택한다. 변액보험은 장기적인 투자 상품임에도 예금자보호법상의 보호대상이 아니다. 따라서 보험사의 경영 내용을 살펴 안전하고 탄탄한 회사를 선택해야 한다.

둘째, 보험사의 자산 운용능력이다. 보험료를 굴리는 보험사의 펀드매니저가 자금을 어떻게 관리하느냐에 따라 높은 실적배당을 받을 수도 있고 원금의 손실도 있을 수 있다. 가입하기 전에 생명보험협회나 손해보험협회의 사이트에 들어가 각 보험사들의 변액보험 수익률을 비교해보고 그동안의 운영실적이 좋은 회사를 선택하도록 한다.

셋째, 주식·채권 시장의 동향을 잘 살펴야 한다. 변액보험의 성공 여부는 주식·채권 시장의 흐름 여하에 달려 있다. 또한 자산 운용 형태를 계약자가 직접 선택할 수 있으므로 자기의 투자성향에 맞는 펀드를 선택하는 것도 중요하다.

넷째, 전문가의 상담을 받아라. 변액보험을 선택할 경우 보험설계사를 통해 가입한다 하더라도 '변액보험 판매자격증'을 소지한 전문 설계사와 상담하는 것이 필요하다. 따로 주식·채권 운용 전문가와 상담한 후 가입을 결정하면 더욱 좋다.

변액(종신)보험은 10년 이상 가입해야 하는 장기보험이기 때문에 단기

적인 성과만으로 상품의 우열을 가리긴 어렵다. 신중한 선택이 필요하다는

애기다. 단기간의 투자 성적으로 판단하지 말고, 자신의 투자성향과 장기적

인 경제전망을 토대로 자기 책임 하에 상품을 선택하는 것이 바람직하다.

25 불황기의 보험상품 알뜰 구매법

최근의 불황을 반영이라도 하듯 보험상품 가입률이 뚝 떨어지고 해약률도 크게 높아지고 있다. 보험상품은 은행상품과 달리 중도에 해지하면 손해가 난다. 따라서 해지에 신중을 기해야 한다. 그런데 우리 주위에는 보험에 가입했다가 중도에 해지하는 사람이 의외로 많다. 대부분은 처음부터 잘못 가입했기 때문이다. 자기의 경제력은 생각하지 않고 보험료가 상대적으로 비싼 종신보험 상품에만 애착을 갖고 있다가 금전적 손해를 보는 경우가 바로 그것이다.

종신보험도 단점은 있다

사망 원인에 관계없이 보상하는 종신보험이 보험상품의 판도를 장악한 지

이미 오래되었다. 따라서 이 세상에는 오직 종신보험만 존재하는 것으로 이해하는 사람들이 많다. 물론 종신보험의 장점은 크다. 죽을 때까지 보장하므로 언젠가는 보험금을 탈 수 있다는 사실과 유가족 보장이라는 보험의 기본 기능 외에도 필요하면 노후에 연금으로 활용할 수 있다.

그러나 종신보험은 납입기간이 무척 긴 상품이다. 종합적인 보장이 가능하지만 한번 결정하면 짧게는 5년에서 길게는 죽을 때까지 보험료를 내야 하므로 신중한 의사결정이 필요하다. 또한 가입자가 원하는 바에 따라 보험료와 보장금액이 천차만별인 '주문형 상품'이므로, 자기의 소득과 연령, 부채와 저축 등을 포함한 재무 상태, 향후 필요한 자금을 분석한 후 가입하는 것이 좋다.

종신보험의 가장 큰 단점은 뭐니뭐니해도 보험료가 비싸다는 것이다. 그렇다면 경제적 여유가 없는 사람은 보험도 들지 못한다는 말인가? 그렇지 않다. 만능 종신보험보다 틈새 보험상품으로 눈을 돌려야 한다.

정기보험의 보험료, 종신보험의 3분의 1 수준

정기보험은 보험가입으로 보장받을 수 있는 기간이 정해져 있는 상품이다. 정기보험의 보장 내용은 일반적인 종신보험과 마찬가지로, 사망원인에 관계없이 고액의 보험금을 지급하고 있다. 다만 종신보험의 보장기간이 죽을 때까지인 데 비해 정기보험은 10년 또는 20년 등으로 정해져 있다는 점이 다르다. 이 때문에 일정 기간만 보장하는 정기보험의 보험료는 종신보험의 3분의 1 정도로 훨씬 저렴하다.

예를 들어, 정기보험의 보험료 수준을 종신보험과 비교해봤을 때, 35세 건강한 남자의 경우 1억 원을 보장하는 종신보험의 보험료가 매달 15만 원 수준인 데 비해, 20년 만기 정기보험의 보험료는 같은 조건일 때 매달 4만 원 정도면 동일한 보장이 가능하다.

보장기간도 다양하다. 5년·10년·15년·20년 등 주기로도 가능하고 55세·60세·65세 등 필요한 시기를 선택해서 보장기간을 정할 수 있다. 일반적으로 자녀들이 스스로 자립할 수 있는 시기까지를 보장기간으로 정하면 크게 무리가 없다. 그렇게 하면 자녀들이 자립하기 이전에 발생할 만약의 사태에 대비할 수 있다. 가령 현재 자녀의 나이가 10세라면 20년 만기, 20세라면 10년 만기를 선택하면 된다.

정기보험은 활동이 왕성한 시기를 선택해 가입한다든지, 이미 종신보험에 가입했더라도 특정한 기간에 더 많은 보장을 원하는 경우 필요한 기간만큼 추가로 보험을 가입하기에 적합하다. 정기보험은 중도에 종신보험으로 전환할 수도 있다. 현재의 수입으로는 종신보험의 비싼 보험료를 감당하기 어렵지만 앞으로 수입이 늘어날 경우 계약자들이 종신보험으로 갈아탈 수 있도록 해주고 있다. 하지만 생보사들은 종신보험 전환시기를 가입자 나이 기준으로 55세 이전, 정기보험 만료 5년 전까지로 제한하고 있다.

정기보험 가입한도는 10억 원 이상도 있지만 회사마다 금액 차이가 크다. 또 회사마다 연령대별 가격 메리트가 다르며 보장내용에서도 일부 차이가 난다. 따라서 정기보험에 가입할 때는 불필요한 특약을 추가하지 않는 것이 좋다. 특약이 많아질수록 보험료 부담이 늘기 때문에 본인에게 필요한 특약이 무엇인지 꼼꼼히 따질 필요가 있다.

정기보험은 그 기간이 지나면 보험의 효력이 없어진다. 아울러 정기보험은 100% 소멸성(순수보장형) 보험이라는 점을 알아 두어야 한다. 보험 기간 중 아무 사고가 없었다면 보험이 만료되었다 하더라도, 일체의 돈이 환급되지 않는다.

공제보험, 보험료 싸고 보장도 크다

보험회사라고 이름이 붙여진 곳에서만 보험상품을 판매할 수 있을까? 그렇지 않다. 우체국에서도 보험상품을 팔고 있다. 법률적으로는 보험이라고 말하지 않지만 경제적 기능으로 보면 보험과 사실상 동일한 '공제' 같은 유사보험은 농협·수협·새마을금고·신협 등에서 취급하고 있다.

우리는 지금까지 보험회사의 보험상품만 알고 가입했지 농협 등의 공제상품에는 거의 관심이 없었다. 보험사의 보험상품과 비교하여 보험료(정확히 말하면 공제료)가 상대적으로 저렴하다는 장점에도 불구하고 말이다.

유사보험이란 보험법에 따라 금융감독원의 인가를 받아 판매하는 민영보험회사의 상품과는 달리, 각 금융기관의 관련법에 근거해 만들어 판매하는 보험상품이다. '공제'는 회원 위주의 상호부조 성격을 강조해 상품명에 '보험' 대신 '공제'라는 표현을 사용하고 있다. 그러나 농협에서 공제를 보험상품이라고 광고하는 바람에 경쟁관계에 있는 보험회사에서 강한 반발을 보이고 있다. 우체국 상품은 유사보험에 속하지만 보험이라는 이름을 붙여서 판매가 이루어지고 있다.

공신력 있는 기관에서 취급하는 데다 상대적으로 공제료가 싸기 때문에 유사보험에 가입하는 사람들이 최근 크게 늘고 있다. 우체국과 농협은 농촌 지역까지 광범위한 사업망을 갖고 있기 때문에 가입자 확보가 쉬운 것도 한 원인으로 꼽힌다.

보험회사들은 보험의 대부분을 설계사들을 통해 유치한다. 따라서 많은 설계사들을 필요로 하고 사업비(보험설계사 수당 등 판매에 들어가는 비용) 또한 많이 들어간다. 더구나 보험료 산정의 주요 기준이 되는 예정이율이 상대적으로 낮다. 이러한 요소들이 보험료에 가산될 수밖에 없으므로 동일한 보장상품인 경우 공제보다 더 많은 보험료를 내야 하는 것은 당연하다. 반면에 공제는 계약할 때 설계사를 통하지 않을 뿐 아니라 예정이율이 높아, 동일한 보장내용이라도 민영보험에 비해 보험료가 5~10% 싼 편이다.

물론 공제보험의 약점이 없는 것은 아니다. 일반보험에 비해 상품 종류가 다양하지 못하고, 주로 서민을 대상으로 하여 상품을 개발·판매하기 때문에 거액의 보장상품이 없다. 종신보험의 경우, 민영보험은 가입 한도액이 수십억 원인 상품까지 나와 있지만, 농협이 판매하는 '하나로 종신보장공제'의 경우 가입 한도액이 1억 원에 불과하다. 그러나 공제료 책정의 근거가 되는 예정이율이 민영보험사 상품에 비해 높기 때문에 동일 금액을 보장받기 위해 납부하는 보험료는 농협 등의 공제상품이 상대적으로 저렴하다는 장점이 있다.

이제 순수 민영보험 상품보다는 공제 등 유사보험 상품에 관심을 두어야 할 때다. 보험회사의 설계사들은 당신에게 보험을 권유하지만, 다른 한편으로는 당신이 내는 보험료의 일부를 자신의 수당으로 빼앗아가는 장본인들이다. 민영보험보다는 우체국·농협·새마을금고·신협으로 지금 당장 달려가 유사보험 상품에 가입해보라. 이미 일반 보험사에 보험을 가입했다면 유사보험 상품과 보험료(공제료)와 보장금액을 비교해보고 보험을 리모델링하는 방안도 고려해보라. 당신이 다리품을 활용한 만큼 생활설계사에게 지급될 돈이 당신의 호주머니로 들어올 것이다.

은행＋보험＝방카슈랑스

2003년 9월 3일은 우리나라 금융 역사에 한 획을 긋는 날이었다. 이 날, 은행·증권·보험이라는 금융 산업의 3대 축이 일부 허물어졌다. 은행에서도 보험상품을 판매할 수 있는 '방카슈랑스(Bancassurance)'가 우리나라에 처음으로 도입된 것이다. 방카슈랑스는 프랑스 말로 은행을 뜻하는 'Banque'와 보험을 뜻하는 'Assurance'의 합성어이다.

정부 당국자의 말을 빌리면, 방카슈랑스 도입으로 보험사는 판매채널을 다양화할 수 있게 되고, 은행은 '판매대행 수수료'라는 새로운 수익원을 확보한 셈이다. 그러나 이러한 거창한 의미부여는 이 책의 독자들과는 사실상 무관하다. 방카슈랑스가 과연 나의 가정경제에 얼마나 도움이 되느냐, 오직 이것만이 중요할 뿐이다.

방카슈랑스가 도입되었다고 해서 은행에서 모든 보험사의 모든 보험상품을 취급할 수 있는 것은 아니다. 중소 보험사와 생활설계사 등을 보호할 목적으로 은행에서 취급하는 보험상품은 '특정 보험사의 특정 상품'으로 제한된다. 말하자면 시행 초기에는 부작용이나 파급 효과를 최소화하기 위해 절름발이 방카슈랑스로 출발하는 셈이다.

여기서 잠시 해외로 눈을 돌려보자. 방카슈랑스를 이미 도입한 나라들은 성공하고 있을까? 이탈리아 · 스페인 · 프랑스 등 일부 유럽 국가에서는 방카슈랑스가 성공적으로 정착되고 있다. 예를 들면 스페인에서는 보험상품의 3분의 2가 은행을 통해 판매되고 있다. 반면에 미국은 각종 규제로 정착되지 못하고 있는 실정이다. 방카슈랑스가 성공한 나라들은 그 나라마다 특수성이 있을 수 있으나 한 가지 공통점이 있다. 방카슈랑스에 대한 규제가 상대적으로 적었고, 금융 소비자(보험 가입자)들이 방카슈랑스를 외면하지 않고 사랑해준 것, 즉 고객들이 자신에게 유익한 제도(서비스)라고 인식한 것이라 하겠다.

방카슈랑스 도입으로 고객들에게 돌아가는 혜택엔 어떤 것들이 있을까? 첫째는, 점포 등 장소적 네트워크가 보험사에 비해 월등히 그 수가 많은 은행들을 통해 보험에 가입할 수 있어 편리하다는 점이다. 특히 생활설계사들의 연고판매에 마지못해 보험에 가입하는 난처한 경우는 상대적으로 줄어들 것이다. 두 번째는, 보험료가 지금보다 약간은 싸지지 않겠느냐는 것이다. 물론 그리 만족스러운 정도는 아니지만 보험료가 일부 내려가고 있다. 보험료 인하 폭은 생활설계사의 주머니로 들어갈 돈과 은행이 판매대행 수수료로 챙기는 돈의 차이에 의해서 결정될 것이다. 일부 다른 요인도 있을 수 있으나 은행의 수입으로 들어가는 돈이 보험설계사의 수당보다 적으면 적을수록 보험료 인하 폭은 더 커질 것이다.

따라서 이제 보험상품도 아이쇼핑이 중요하다. 그것도 구매(가입)하기 전에 철저히 그리고 여러 군데 상점(보험회사, 은행, 우체국,농협 등)을 둘러봐야 한다.

아직은 은행에서 취급할 수 있는 보험상품에 제한이 많다. 이른바 인기 상품은 모두 빠져 있다고 보아야 한다. 예를 들면 종신보험·암보험·자동차보험은 2005년 4월이 되어야 은행을 통해 가입할 수 있다. 따라서 시행 초기인 지금은 은행 취급상품은 연금보험 등 크게 보면 저축성보험에 불과하다. 저축성보험은 은행적금과 비슷하지만 중도해지하면 원금을 제대로 못 찾을 수도 있고, 이자도 적금보다 적다. 게다가 정부가 비과세 혜택이 주어지는 보험상품을 만기 7년 짜리 이상에서, 2004년 가입분부터는 10년 이상 으로 세법을 개정할 예정으로 있어 은행적금과 비교해서 크게 주목받을 비과세 보험상품이 없는 셈이다.

보험상품을 판매하는 은행원들은 보험전문가가 아니다. 따라서 시행 초기에는 은행원들의 보험지식이 취약하기 때문에, 나중에 대비한다는 자세로 가입 전에 보험사의 고객센터 등에 전화를 걸어 이중으로 상담을 받는 일이 필요하다. 또한 과거에 은행이 대출 고객에게 예금 가입을 강요하는 속칭 '꺾기 예금' 이 성행한 적이 있었던 것처럼 '꺾기 보험' 이 출현할 가능성도 무시할 수 없다. 물론 이는 불법 행위이므로 금융 당국에 신고하면 된다.

또한 보험상품에 가입하기 전에 생명보험협회나 손해보험협회의 홈페이지에 들어가 보험상품을 상호 비교해보는 것도 보험상품의 알뜰구매법이 될 수 있다. 시장에서 물건을 싸게 사는 것만을 불황기의 알뜰살림 지혜로 생각하는 사람들이 많다. 그러나 금융상품에도 알뜰 구매법이 있다는 사실을 잊지 말도록 하자.

 예금보호제도, 모르면 당한다

예금의 안전성과 관련하여 금융기관이 파산할 때 정부가 1인당 5,000만 원까지 지켜주는 예금보호제도는 튼튼한 보호막이 되어주고 있다. 그러나 최근 차명계좌와 관련하여 이것마저 논란거리가 되고 있다. 이제 예금보호제도를 정확히 모르면 큰코 다칠 수도 있다. 이자율이 높은 금융기관을 이용하면서도 예금의 안전성까지 동시에 챙길 수 있는, 꿩먹고 알먹는 방법을 찾아 보자.

저금리 시대의 돌파구, 예금보호제도

예금보호제도란 금융기관이 고객의 예금을 보호하기 위해 공적 보험회사인 예금보험공사에 고객을 수익자로 하여 보험에 가입하고(보험계약 체결 및 보험료 지급), 금융기관의 파산 등 보험사고가 발생하면 고객에게 보험금을 지급하는 제도다. 고객 입장에서는 보험료 부담이 전혀 없으므로 이를 적극 활용하는 것이 좋다. 현행 예금보호제 아래서는 원금과 이자를 합해 1인당 5,000만 원까지만 정부가 보호해주고 있다. 5,000만 원이 넘는 거액이라면 배우자 등 여러 사람 명의로 쪼개어 가입하거나, 거래 금융기관을 몇 군데로 나누어 예치하는 등 다리품을 많이 파는 전략이 필요하다.

원금을 안전하게 보존하면서 금리까지 높은 상품은 이 세상에 없다. 그러나 금리가 높은 상호저축은행 등 제2금융권을 이용하면서 동시에 정부로부터 예금보호까지 받는다면 꿩 먹고 알 먹을 수 있는 기회를 잡을 수도 있다.

그런데 여기서 정부에서 보호해주는 5,000만 원의 의미를 정확히 이해할 필요가 있다. 5,000만 원은 원금 기준이 아니라 원리금(원금+이자) 기준이라는 사실이다. 만약 원금 5,000만 원을 맡겼다가 돌발 사고가 나면 원금은 보호되지만 이자는 한 푼도 보상받지 못한다. 따라서 원금은 5,000만 원 미만으로 예치해야 이자까지 함께 보호를 받을 수 있다는 점을 명심하라.

분산가입 시에는 심증과 물증을 남기지 말라

거액을 쪼개어 분산가입하면 많은 예금을 보호받을 수 있다는 점에 착안하여 가족명의로 분산가입하는 사람들이 있다. 그러나 얼마 전 지방에 있는 한 상호저축은행이 영업정지를 당해 정부(예금보험공사)가 예금을 대신 지급한 일이 있었는데, 이때 일부 고객의 예금에 대해서는 지급을 거절했다. 차명계좌임이 확실한 예금에 대해서는 보호해줄 수 없다는 것이 예금보험공사의 지급거절 사유였다. 예컨대 분산예금에 '홍길동 외 인출 금지', '만기 시 예금을 홍길동에게 자동이체' 등과 같은 특별 조항을 달았을 경우에는 확실한 차명계좌로 인정되기 때문에 돈을 내줄 수 없다는 것이다.

여러 예금계좌의 이자를 한 통장으로 자동이체하거나 동일 인감을 사용하는 예금, 그리고 여러 계좌의 비밀번호를 한 사람이 관리하는 경우, 아직은 차명예금이라는 심증은 가지만 물증이 없어 정부의 보호를 받을 수 있다. 그러나 이것에 대해서도 언제 정부의 입장이 바뀔지 모를 일이다. 따라서 가족명의 등으로 분산가입할 때는 차명계좌라는 냄새를 풍기지 않도록 조심 또 조심해야 한다.

보호 대상이 아닌 예금과 금융기관도 있다

생명보험에 가입하고도 사고유형에 따라 보험금을 받지 못하는 보험상품이 있듯이, 예금보호제도의 보호를 전혀 받지 못하는 금융상품과 금융기관도 있다. 대부분의 펀드상품이나 신탁상품, 양도성예금증서(CD), 그리고 환매조건부채권(RP) 등은 정부의 보호대상이 아니다.

또한 상호저축은행은 예금자보호법의 보호대상 금융기관이지만, 새마을금고나 단위 농수협은 보호대상에서 제외된다. 다만 자체적으로 준비해놓은 안전기금을 통해 예금자를 보호해주고 있다. 신협은 금년 말까지는 보호대상이지만 2004년 1월부터는 정부의 보호에서 제외된다는 것도 알아두기 바란다.

　　순간의 선택이 돈의 운명을 좌우한다. 저금리 시대에는 높은 이자를 찾아서 동분서주해야 마땅하지만, 그에 못지 않게 중요한 것은 신속한 판단이다. SK글로벌 회계분식, 카드채 관련 MMF 환매사태에서 보듯이 지금은 스피디한 의사결정을 하지 않으면 큰 손해를 보는 세상이다. 거래 금융기관이나 이미 가입한 상품에 대한 부정적인 기사나 정보를 접하게 되면 가급적 신속하게 돈을 빼서 안전한 금융기관으로 갈아타는 것만이 최상의 안전대책이다. 또한 이런 때를 대비하여 중도해지하더라도 이자손해가 없는 '중도해지 파괴상품' 으로 가입하는 것이 유리하다.

27 주식형펀드 투자 체크 포인트

저금리 시대의 탈출구였던 부동산 시장이 얼어붙기 시작하면서 돈을 굴리는 일은 더욱 힘들어질 것이다. 그 경우 부동산을 대체할 가능성이 높은 것이 주식 시장이다. 이에 따라 간접투자 상품인 주식형펀드 상품이 다시 관심의 끌고 있다. 주식형펀드는 투자 금액의 일부를 주식으로 운용하고 거기서 발생하는 이익금을 투자자들에게 배분하는 간접투자 상품이다. 주식형펀드 상품을 고르는 방법에 대해 알아보자.

상승장에는 인덱스펀드에 주목하라

인덱스펀드는 주가지수와 연계하여 투자수익률이 결정된다. 좀더 구체적으로 설명하면, 시가총액 상위 200개 종목으로 만들어진 코스피(KOSPI)

200 지수와 연계하여 지수 상승률만큼 수익률이 상승하도록 만들어진 펀드다.

이 펀드는 직접투자를 하면서 시장을 주도할 대형주를 선택하기 힘든 개인 투자자들에게 투자 대안이 될 수 있다. 투자자 입장에서 볼 때, 우량주에 골고루 분산투자하고 있는 것과 마찬가지이기 때문이다. 인덱스펀드는 펀드매니저의 주관적 장세 판단에 의존하는 것이 아니라 코스피 200 지수에 따라 수익률을 올리는 시스템으로 구성되어 있다. 우량종목에 분산투자하며 선물거래를 통한 차익거래 등으로 지수 상승분을 챙기는 것이 목적이다.

일반 주식형펀드가 상품에 따라 수익률 편차가 심한 것에 비해 인덱스펀드는 상품별 수익률 격차가 2~3%에 그쳐 상품 선택의 위험부담이 적은 편이다. 그러나 인덱스펀드는 기본적으로 주식 시장의 상승에 대한 확신이 있을 때 가입하는 것이 바람직하다. 또한 한 번에 가입하기보다는 기간을 나눠서 가입하는 것도 하나의 투자전략이다.

운용사와 펀드매니저를 유심히 관찰하라

주식형펀드를 선택할 때는 해당 펀드의 수익률을 살펴보고 믿음이 가는 운용사를 선택하는 것이 무엇보다 중요하다.

일반적으로 좋은 펀드란 오랫동안 꾸준하게 일정한 수익률을 유지하는 펀드라고 할 수 있다. 미국의 파이낸셜 플래너(FP)들은 설정 후 3년이 안된 펀드는 고객에게 소개하지 않는 것을 원칙으로 한다. 대체로 한국의 펀드들은 설정 기간이 짧고 규모가 작은 편이다. 하지만 1999년 프랭클린템플턴투신과 삼성투신이 설정한 펀드가 만 4년 동안 운영되는 등 한국에서도 점차 장기운용 펀드가 늘고 있다.

좋은 펀드의 요건에는 수익률 이외에도 펀드의 운용철학과 회사의 원칙 등 질적 요소도 포함된다. 그러나 수익률은 가장 객관적인 자료의 하나다. 물론 과거에 수익률이 좋았다고 해서 미래의 수익률이 보장되는 것은 아니지만 일단 투자신탁사의 운용능력을 따져보고 펀드를 선택하는 것이 바람직하다.

주식형펀드는 자금을 운용하는 펀드매니저의 성향과 능력에 따라 수익률이 달라진다. 따라서 펀드에 가입할 때는 펀드매니저의 과거 실적 등을 문의해 그들의 운용능력을 알아보는 것이 좋다. 이때 펀드매니저들이 기록한 최고 수익률만을 보지 말고 실패한 경력, 즉 낮은 수익률도 함께 따져보도록 한다.

나에게 맞는 펀드가 좋은 펀드다

주가 상승세를 타고 성장형 주식펀드가 속속 등장하고 있지만, 그것에 현혹되어서는 곤란하다. 주가가 하락하면 수익률이 곤두박질칠 것이 뻔하기 때문이다. 펀드상품을 고를 때는 먼저 자신의 투자 성향, 즉 위험 선호도 등을 감안해야 한다.

보수적인 투자자는 주식을 편입하지 않은 채권형펀드에 투자하거나 주식 편입 비중이 낮은 안정형 또는 원금보전형 펀드에 가입한다. 반면 공격적인 투자자는 주식 편입 비중이 높은 성장형이나 인덱스펀드에 투자하는 것이 적합하다. 투자 자금의 성격을 감안하여 펀드상품도 달리 선택해야 한다.

주식형펀드는 실적배당 상품이다. 주위에서 고수익을 올린다고 해서 무조건 높은 수익을 보장하는 것이 아니다. 원금마저 손해볼 수 있다는 뜻이다. 따라서 펀드상품 투자자도 직접 투자자만큼은 아니더라도 전체적인 주식 시장 동향에 언제나 관심을 가지고 있어야 한다.

28 주식투자, 이제는 선택이 아닌 필수

주식투자에 큰 성공을 거두었든 뼈저린 실패를 맛보았든, 주식을 제법 만져 보았다는 사람치고 후학을 위한 충고 한마디쯤 준비하지 않은 사람이 없을 것이다. 이를 테면 이렇다. 주식투자 십계명, 개미를 위한 변명, 행복한 주식 투자 등등. 저마다의 경험과 논리에서 우러나왔기에 나름으로 타당성을 갖고는 있지만, 색깔로 본다면 워낙 각양각색이어서 일관성 없고 혼란스러운 듯 보이기도 한다. 하지만 이들이 들려주고자 하는 메시지는 의외로 단순명쾌하다. '자신만의 투자원칙을 세우고, 그 원칙을 지켜라.' 이 한마디로 귀결된다.

주식투자의 기본 자세

누군가 주식투자로 높은 수익률을 거두었다고 하자. 이는 우연히 뒷걸음치다 발에 걸리는 요행이 아니다. 꾸준한 정보수집과 기업분석을 통해 기본기를 다지고 기초체력을 갖춘 뒤 실전에서 몸으로 부딪치며 경험을 쌓아가는 과정에서 획득한 인고의 열매이다. 따라서 처음부터 무리하게 큰돈을 운용하는 것은 바람직하지 않다.

기본적인 투자 실력을 확보하기 위해서는 먼저 투자 이론서와 투자 성공담을 읽는 것이 필수이다. 경제신문을 꾸준히 읽는 습관도 빼놓을 수 없다. 이 과정에서 모의투자를 통해 실력을 다지는 것이 좋다. 이후 자신이 생각하는 자금의 10분의 1 정도만 운용하며 실전 경험을 축적한다. 이때 중요한 것은 자신이 투자한 주식에 대한 철저한 리뷰와 자기반성이다. 왜 올랐는가에 대한 추적, 또는 반토막이 난 원인에 대한 분석이 반드시 뒤따라야 한다. 이러한 과정을 밟으면서 자신만의 원칙을 하나둘씩 정립해 가는 것이다.

주식 시장은 한번쯤 발을 담가볼 만한 매력적인 곳이다. 특히 요즘처럼 은행의 실질금리가 사실상 0%로 바닥을 치고 있는 시기라면 더더욱 그렇다. 따라서 주식투자는 더 이상 선택이 아닌 필수라 하겠다. 무모한 행운과 과격한 환상을 꿈꾸며, 세상 사람들의 입을 쩍 벌리게 만들겠노라는 대박의 꿈은 일찌감치 포기하고 금융 자산 포트폴리오 수단의 하나로서 주식투자를 고려하는 것이 오늘날을 살아가는 사람들의 현명한 재테크 수단이라 할 수 있다.

주식투자에는 수많은 원칙들이 난무하고 저마다 '고수'임을 자처하는 사람들이 순진한 개인투자자들을 대상으로 훈수를 남발하는 모습이 자주 보인다. 주식투자가 가장 강력하고 매력적이면서도 재미까지 선사하는 재테크 수단임에는 틀림없지만, 동시에 가장 리스크가 크기도 하다. 그러므로 주식투자만큼 원칙과 법칙이 홍수를 이루는 곳도 드물다. 다행인 것은 이런 원칙들이 나름대로 다 쓸모가 있다는 사실이다. 중요한 것은 투자자 자신의 여건과 능력에 적합한 원칙을 선택하여 자기 자신의 원칙으로 다듬을 수 있어야 한다는 것이다. 이 책을 통해 수많은 원칙들을 다시 나열하기보다, 전설적인 투자가인 워런 버핏의 이야기를 소개함으로써 진정한 투자자의 자세를 말하고자 한다.

진정한 투자자, 워런 버핏의 투자철학

미국의 경제 전문 잡지 〈포춘〉이 선정한 가장 영향력 있는 경영자 1위는 누구일까? 세계 제1의 부자인 빌 게이츠 회장? 그렇지 않다. 전설적인 주식 투자가 워런 버핏(72)이다. 그는 뉴욕 월스트리트에서 2,000킬로미터나 떨어진 미국 서부 네브래스카 주의 작은 도시 오마하의 한 회색 벽돌집에서 45년째 살고 있다. 아침이면 가판대로 걸어 나와 신문을 사고, 점심 시간에는 햄버거와 코카콜라를 사들고 마을을 돌아다닌다. 이 평범한 노인이 주식투자로 번 돈은 무려 350억 달러(약 41조 원). 세계 제2의 부자다. 그는 말한다. "좋은 집에 사는 것과 좋은 차를 타는 것에 관심이 없다. 내 관심은 버크셔 해서웨이(버핏이 이끄는 금융지주회사)를 잘 경영해 주주들로부터 신뢰를 얻는 것뿐이다."

그는 확률이 낮은 게임에는 돈을 걸지 않는다. 1990년대에 그는 한 미국 기업 최고 경영자(CEO)와 골프를 했다. 그가 워런 버핏에게 "이번 홀에서 당신이 2달러를 걸고 티샷을 해 홀인원을 하면 내가 1만 달러를 주겠다"며 내기를 제안했다. 재미삼아 해볼 수도 있었지만 그 노인은 "그렇게 확률이 낮은 도박은 안 한다"며 정색하고 거절했다. 무안해진 CEO가 "그렇게 돈이 많으면서 2달러 갖고 뭘 그렇게 벌벌 떠느냐"고 놀리자 버핏은 이렇게 대답했다. "2달러로 투기를 하는 사람은 1만 달러를 손에 쥐어줘도 마찬가지로 투기를 합니다. 이길 확률이 없는데 요행을 바라는 것은 투기꾼이나 할 짓이지 투자자가 할 일이 아닙니다."

워런 버핏은 '대박을 노린 투기'를 끔찍이 싫어했다. 저평가된 좋은 기업 주식에 장기투자하는 평범한 원칙만이 돈을 버는 올바른 길이라는 고집을 지켰다. 그가 늘 입버릇처럼 밝히는 투자철학 두 가지가 있다.

첫째, 돈을 잃지 않는다.

둘째, 항상 첫째 항을 지킨다.

그는 1965년 오마하에서 버크셔 해서웨이를 설립했다. 그런데 버크셔는 지난해까지 38년 동안 연간 투자수익률이 50%를 넘은 적이 한 번밖에 없다. 1년에 원금이 갑절로 불어난 해도 없었지만 그는 주식투자로 세계 제2의 부자가 되었다. 이 회사가 설립 이후 38년간 투자로 손해를 본 해는 2001년뿐이다. 1965년부터 2000년까지 36년 연속 이익을 냈다. 수익률은 매년 평균 25~30%. 고만고만한 수익률을 36년 동안 이어온 결과 버크셔의 투자원금은 3000배 가까이 불어났다. '돈을 잃지 않는다'는 원칙 아래 투기하지 않고 철저히 기업의 실적위주로 정석투자를 고집한 결과이다.

29 채권투자 정석

우리나라 사람들은 투자 하면 주로 '주식' 혹은 '부동산' 만을 떠올린다. 그러나 채권투자가 저금리시대의 새로운 대안이 될 수 있다는 사실을 알 필요가 있다. 채권투자를 하기 위해 특별한 조건이나 능력, 혹은 전문성을 갖춰야 한다고 생각하는 사람들이 많은데, 채권투자도 원칙은 주식과 크게 다를 바가 없다. 사실 재테크의 고수들은 채권투자에서 큰돈을 벌어들이고 있다. 대중의 관심이 그렇게 높지 않은 채권 분야는 기본지식과 끈기, 그리고 세심한 전략으로 접근이 가능한 분야이다.

기다리는 자가 승리한다

채권 가격은 유통금리의 변화에 따라 매우 유동적이다. 따라서 만기 이전에 채권을 팔면 자칫 원금을 손해볼 수도 있다. 그러나 채권을 만기까지 가지고 있으면 유통금리가 변하더라도 만기수익률은 달라지지 않는다. 그러므로 채권 가격이 낮을 때 만기가 오래 남은 채권을 매입하여 끝까지 갖고 있으면 만기 때 정상 가격을 되찾은 채권 액면가에 더하여 당초의 예상 수익까지 확보할 수 있다.

개인 투자자의 경우에는 매매차익을 얻기 위해 공격적인 투자에 나서기보다는, 자금의 성격을 감안하여 투자기간과 채권의 만기를 일치시키면서 금리가 높을 때 사서 만기까지 보유하는 투자전략을 구사하는 것이 유리하다.

표면금리가 낮은 채권에 투자하라

채권이 발행될 때 표시되는 금리로, 이자를 지급하는 기준이 되는 금리를 '표면금리' 라고 한다. 표면금리가 높은 채권은 이자소득이 그만큼 많아지므로 이자소득세를 더 내게 된다. 그러나 투자자는 표면금리가 아니라 유통수익률에서 실제 소득을 얻는다. 따라서 표면금리가 높은 채권일수록 실제 소득과 무관하게 많은 세금을 내게 되는 셈이다. 유통수익률이 똑같은 채권이라면 표면금리가 낮은 것을 선택하는 것이 이런 면에서 현명하다.

초보자는 국채로 시작하라

채권의 안정성은 국채→금융채→회사채 순이며, 수익성은 그 반대 방향인 회사채→금융채→국채 순이다. 채권에서도 고수익 · 고위험의 법칙이 적용되는 것이다. 따라서 채권투자를 처음 시작하는 초보자라면 국채부터 시작하는 것이 좋다. 국채는 정부가 발행하는 채권이니만큼 안정성이 높으며 수익성도 은행의 예금상품에 뒤지지 않는다.

채권투자는 절세 효과도 높다. 만기가 1년 이상 남은 채권을 매입한 뒤 만기까지 보유하면 다른 예금과 합산해 4,000만 원 이내에서 세금우대 혜택을 받을 수 있다. 만기가 5년 이상인 국채는 투자자의 보유 기간과 관계없이 분리과세가 가능하므로 절세 효과를 누릴 수 있다.

매매차익에 너무 의존하지 말라

모든 상거래가 그렇듯이 채권도 채권 가격이 쌀 때(금리가 높을 때) 사서 채권 가격이 비쌀 때(금리가 낮을 때) 팔면 돈을 남길 수 있는 법이다. 문제는 그것이 생각처럼 쉽지 않다는 데 있다.

채권 가격은 금리와 반대의 관계에 있다. 채권수익률이 오르면 채권 가격은 하락하고, 반대로 채권수익률이 하락하면 채권 가격은 오르게 된다. 따라서 금리하락이 예상될 때 채권을 사서 금리 상승이 예상될 때 팔아야 매매차익을 올릴 수 있는데, 이는 거시경제에 대한 이해력과 금리 예측능력이 있어야 가능한 것이다. 채권 초보자가 매매차익까지 기대하기란 매우 어려운 일이다.

다만 중도매매를 하지 않고 만기까지 보유하면 적어도 매입 당시 정해진 수익률은 확보할 수 있으므로 재테크 공부를 하는 셈치고, 거시경제에 대한 이해를 높이고 재테크 지식을 넓히기 위해서는 채권 분야에도 한번쯤 관심을 기울여 볼 만하다.

소액 투자자는 절세상품을 선택하라

우선 1인당 2,000만 원까지 가입할 수 있는 '세금우대 소액채권저축'에 들면 절세 효과를 볼 수 있다. 채권에 직접 투자하기가 부담스럽다면 은행이나 증권사의 수익증권 등을 통해 전문가에게 운용을 위탁하는 간접투자도 바람직하다. 그러나 부도 위험이 없는 우량회사의 채권을 선택할 경우 최소한 매입 당시의 수익률이 만기까지 보장되는 직접투자와 달리, 간접투자는 운용회사의 편법 운용 및 운용 방식에 따라 손실을 가져온 사례가 있는 만큼 회사 선택에 신경을 써야 한다.

직접 투자는 증권사를 이용하라

채권은 증권사·투신사·은행 등 다양한 채널을 통해 투자할 수 있다. 그러나 직접투자의 경우라면 증권사를 이용하는 것이 유리하다. 투신사는 주로 간접투자 상품을 판매하며, 은행의 경우 채권상품 취급은 부수적인 업무다.

투자수익률 면에서도 은행보다는 증권사를 이용하는 것이 유리하다.

예를 들어 금융채의 경우 은행 창구에서는 발행금리를 기준으로 판매하지만, 증권사는 유통수익률을 기준으로 판매한다. 일반적으로 발행금리가 시장유통수익률보다 낮기 때문에 증권사를 통하면 은행보다 싸게 살 수 있다.

은행에 예금한 돈에는 꼬리표가 없다. 은행에 들어온 순간부터 그 돈은 예금주의 돈이 아니라 은행 돈이 되어 은행이 마음대로 활용한다. 대신에 은행은 고객에게 당초 약정한 금리로 계산한 이자와 100%의 원금을 지급한다(단, 인덱스예금은 중도해지할 경우 일부 예외가 있다). 예컨대 은행이 예금의 일부로 SK글로벌 채권 등에 투자하여 손해를 보았을 경우에도 그것은 전적으로 은행의 책임이며 고객은 손해를 전혀 부담하지 않는다는 뜻이다.

반면에 제2금융권의 펀드상품은 사정이 다르다. 금융기관은 주로 그 자금을 주식·채권 등 유가증권에 투자하는데, 이때 운용실적에 대한 모든 책임은 고객이 전적으로 부담한다. 쉽게 말해 금융기관은 투자자 대신 종목을 골라서 사고파는 '투자 대행' 역할을 할 뿐이다. 따라서 운용실적에 따라

이자(배당)는 물론 원금의 손실 가능성도 있는 것이다.

운용회사 및 펀드매니저를 보고 투자하라

펀드매니저라고 하면 흔히 주식을 연상하지만, 채권을 다루는 펀드매니저들도 있다. 주식형펀드는 물론이고 채권형펀드 역시 자금을 운용하는 펀드매니저의 성향과 능력에 따라 수익률이 달라진다. 과거에는 투신사가 제시한 수익률을 보고 펀드를 선택하였다면, 채권시가평가제 실시 이후에는 투신사의 운용능력을 따져보고 펀드를 선택해야 한다.

펀드 편입 채권을 반드시 확인하라

펀드를 평가할 때 포인트는 두 가지다. 편입한 채권의 신용등급이 낮고 수익률이 높다면 이는 투기성펀드다. 한편 신용등급이 높은 채권인데도 수익률이 높다면 이는 운용회사의 능력이 뛰어난 것으로 해석할 수 있다. 그렇다면 답은 이미 나와 있다.

펀드에 가입하려면 사전에 펀드 운용계획과 펀드명세서를 일일이 따져보아야 한다. 수익률이 높다는 이유만으로 가입했다가 나중에 낭패를 볼 수도 있기 때문이다. 수익률만이 펀드 선택의 최우선 기준이 될 수는 없다는 뜻이다.

투자설명서 · 약관을 반드시 챙겨라

투자설명서나 약관 내용에는 해당 상품의 운용 내용 및 방법, 신탁약관에서 정하는 사항, 투자대상 등이 포함된다. 그러나 금융기관 창구에서는 고객이 완벽히 이해하리라고 기대하지 않아서인지 약관 내용을 쉽게 설명한 요약서를 따로 주고 있다. 조금 어렵더라도 투자설명서와 약관을 반드시 챙겨서 읽어보라. 법적 구속력을 갖는 것은 약관이다. 상품설명서 등은 투자자들에게 약관 내용을 알기 쉽게 설명하는 자료에 불과하므로 애매한 대목은 서로 대조해 가면서 읽는 것도 잊지 말아야 한다.

소 잃고 외양간 고치기 식의 투자는 곤란하다. 펀드 가입 첫 출발부터 옥석을 잘 가려내는 신중함이 무엇보다 중요하다. 또한 간접투자이건 직접투자이건 간에 투자게임에서는 타이밍이 승부를 좌우한다는 점도 명심해야 한다.

채권형펀드 투자 요령

무조건 높은 수익률을 추구하지 마라	⇒ 수익률과 위험은 비례한다
부실채권의 편입여부를 사전 체크하라	⇒ 펀드의 내역(투자 자산)을 확인하라
위험 관리는 분산투자로 해결한다	⇒ 가급적 여러 펀드에 분산하라
금리 변동에 따른 수익률 변화에 대응하려면?	⇒ 펀드 규모가 클수록 유리하다
수익률이 급변할 가능성이 있을 때의 선택	⇒ 금리 급변기에는 가입을 관망하라
펀드 운용능력 감별법	⇒ 수익률이 안정적인 투신사를 찾아라
실적배당 상품임을 명심하라	⇒ 원금 손실도 각오하라
초단기 자금은 국공채 MMF에 투자하라	⇒ 안정성과 환금성이 우수하다

31 첨가소화채권, 모르면 당한다

"지금까지 한 번도 채권을 거래해 본 경험이 없다"고 얼굴 하나 붉히지 않고 자신있게 거짓말을 하는 사람들이 많다. 대한민국 국민이면 누구든지 주택이나 자동차를 구입할 때 채권을 강제적으로 매입했을 텐데도 말이다. 다만 자기 자신도 모르게(실제로는 무관심 내지 무지한 탓) 채권거래가 이루어졌을 뿐이다. 우리의 일상생활과 매우 밀접한 관계에 있는 첨가소화채권을 통해 그 비밀의 열쇠를 찾아보자.

첨가소화채권이란?

주택이나 자동차를 구입하거나 금융기관에서 부동산을 담보로 대출을 받을 때, 그리고 각종 인·허가 시 울며 겨자먹기로 마지못해 강제적으로 구입하는 채권이 첨가소화채권이다. 예를 들면 집을 사서 등기를 할 때, 자동차를 처음 사서 등록을 할 경우에 의무적으로 매수하는 채권이 첨가소화채권이다. 우리나라 대부분의 가구가 자동차를 보유하고 있는 현실을 볼 때, 자신의 의지와는 관계가 없을 뿐 사실상 대한민국의 거의 모든 세대가 채권투자(첨가소화채권 거래)를 하고 있는 셈이다.

첨가소화채권은 정부나 지방자치단체 등이 공공사업을 추진하기 위한 재원을 조달하고자 법률에 의거 강제적으로 국민들에게 떠 안기는 준조세로서의 성격이 강하다. 첨가소화채권의 종류에는 국민주택채권, 서울도시철도채권, 지역개발채권 등이 있다. 일반채권의 경우 시장의 실세금리를 반영하여 표면이율이 결정되는 반면에 첨가소화채권은 표면이율이 확정되어 있고 만기도 5년 이상의 장기채권으로 발행된다.

증권사에 팔아라

일반인들이 집이나 자동차를 살 때 채권의 발행자(정부나 지자체 등)로부터 첨가소화채권을 매입할 때의 가격은 어떨까? 유통시장에서의 거래가격이 아니라 발행액면가 그대로 매입하여야 한다. 예를 들어 채권액면 1만 원당 유통시장에서 실제로 거래되는 첨가소화채권의 가격이 9,350원이라면 9,350원에 매입할 수 있어야 하나, 1만 원을 주고 매입하여야 한다는 것이다. 즉, 집을 구입하는 사람은 적어도 액면 1만 원당 650원 정도의 손실을 감수하여야만 하는 셈이다. 따라서 이왕 되팔 때는 한 푼이라도 비싸게 팔아야만 손실폭을 최소화할 수 있다. 그러나 아쉽게도 대부분의 사람들은 깊은 생각없이 매입과 동시에 현장에서 채권수집상에게 할인형식(속칭 '깡')으로 되팔아버리거나, 법무사 또는 은행이 시키는 대로 하다 보니 채권의 매매행위가 있었는지도 모른 체 그냥 "그 차이가 비용이겠지" 하고 단정해버리고 만다.

그러나 한번 생각해보자. 채권수집상들은 자신이 챙겨야 할 수수료를 감안하여 첨가소화채권을 일반인들로부터 헐값에 매입, 10억 원 등 큰 금액 단위로 묶어서 증권사에 비싸게 되팔아 이익을 챙기는 사람들이다. 이 말은 역설적으로 채권을 되팔 때에는 증권회사에 파는 것이 그만큼 비싸게 팔 수 있으며 그로 인해 손실폭도 줄일 수 있다는 얘기다. 증권사의 경우 본지점에 전담창구를 설치하여 소액채권 매매업무를 취급하는 것이 의무화되어 있기 때문에 언제든지 증권사 창구를 통해 현금으로 바꿀 수 있음을 알아두기 바란다.

첨가소화채권도 투자의 대상이다

첨가소화채권을 의무 매수해야 하는 경우에는 매도를 할 것인지 또는 채권만기까지 보유할 것인지를 먼저 결정해야 한다. 만약 매도한다면 즉시 매도를 통해 준조세에 해당하는 차액만 부담할 것인지, 아니면 증권사에 입고 뒤 나중에 시장을 보아가면서 매매할 것인지를 결정한다. 시장금리가 상승하지 않는다면 입고 뒤 매도가 유리하다. 금리상승 시에는 매매가격이 하락할 수도 있다는 점에 유의해야 한다. 일반적으로 첨가소화채권을 의무 매수할 경우는 만기까지 보유하더라도 투자수익이 적은 편이다. 하지만 유통금리로 투자목적을 위해 매수할 경우는 표면이율이 다른 채권에 비해 상대적으로 낮고, 종합과세에 대비한 절세상품으로도 활용할 수 있어 세후수익률에서는 오히려 더 유리할 수도 있다.

32 알아두면 돈되는 금융관련기관 정보

재테크의 기본은 금융상품이고, 금융상품을 이용한 재테크는 금융기관과의 거래에서 시작된다. 따라서 평소에 금융기관 또는 관련기관에 대한 정보를 미리미리 챙겨두면 그만큼 유리하다. 특히 금융기관마다 취급하는 금융상품 및 서비스 종류가 다르고 금융거래가 날로 복잡해지고 있어 금융 소비자로서는 궁금한 일이 하나 둘이 아닐 것이다. 또한 금융기관과의 분쟁이 발생하는 경우, 어디에 도움을 청해야 할지 난감한 경우도 많다. 알아두면 돈이 되는 금융기관 정보들을 소개한다.

금융감독원 금융소비자보호센터(02-3771-5761, www.fss.or.kr)

금융기관과 거래를 하다 보면 뜻하지 않은 분쟁이 일어날 수 있다. 이때에는 원칙적으로 이해당사자인 거래 금융기관과 해결하는 것이 가장 이상적이다. 하지만 이해당사자인 금융기관이 고객보다는 자기 쪽에 유리한 방향으로 분쟁을 처리하는 것이 일반적이므로 금융분쟁이 발생하면 곧바로 감독기관인 금융감독원을 찾는 것이 좋다. 금융감독원에 설치된 '금융 소비자 보호 센터'는 금융기관과의 거래에서 발생한 민원 해결에 큰 도움을 주고 있다.

금융감독원 '상속인 금융 거래 조회 서비스' (02-3771-5686)

갑자기 조부모나 부모가 사망하게 되면 상속인의 금융거래 정보 등을 알 수 없어 발을 동동 구를 때가 많다. 그러나 걱정할 필요가 없다. 금융감독원의 '상속인 금융거래 조회서비스'를 이용하면 사실상 국내의 모든 금융기관 거래정보를 손쉽게 얻을 수 있다. 조회대상은, 피상속인(사망자 · 실종자 · 심신 실종자) 명의의 예금 · 대출 · 보증 · 증권 계좌 · 보험 계약 · 신용카드 및 가계 당좌거래 유무 등이다.

또한 피상속인의 토지소유 정보는 각 지자체의 지적과를 이용하면 된다. 단 피상속인의 주민등록번호가 없거나 모르면 신청 지역 광역시 · 도의 토지소유 현황만 확인이 가능하다.

예금보험공사(02-758-0114, www.kdic.or.kr)

내가 가입한 금융상품이 정부로부터 보호를 받는 예금인지를 알고 싶다면 거래 금융기관이나 예금보험공사에 문의하면 된다. 특히 예금보험공사는 정부의 보호대상 여부 및 예금 보험금 수령 안내 등의 종합적인 서비스를 제공하고 있으며, 예금보험제도와 관련한 민원까지 접수하고 있다.

금융결제원 '금융정보 자동응답 서비스 센터'

(국번 없이 1369, www.kftc.or.kr)

통장잔액, 무통장 입출금 내역, 사고 수표, 신용카드 거래 내용, 환율 조회 등 모든 은행의 금융정보를 금융결제원의 '자동응답 서비스 센터' 에서 제공받을 수 있다.

행정자치부 '주민등록증 진위 확인 ARS 조회'(국번 없이 1382)

국번 없이 1382(전국 공통)를 누르고 안내 음성에 따라 확인하려는 주민등록증의 주민등록번호와 발급일자를 차례로 입력하면 그것이 위·변조된 주민등록증인지, 또는 습득(분실)된 타인의 주민등록증인지의 여부를 확인할 수 있다. 예를 들어 주민등록번호가 '123456-1234567' 이고, 발급 일자가 '2000. 6. 30' 일 때, '123456-1234567' 과 '20000630' 을 안내 음성에 따라 입력하면 된다.

전국은행연합회 '은행 이용 상담실'

(02-3705-5253, 웹사이트 KFB.OR.KR)

전국은행연합회에 설치되어 있는 '은행 이용 상담실'에서는 금융상품 및 금융서비스 안내, 신용정보 관련 민원상담, 상속자 예금조회, 은행연합회에서 조정 및 중재가 가능한 사항의 민원, 금융소득, 이자과세 방법 등에 대한 서비스를 제공하고 있다.

인터넷 만능주의에 빠진 사람들은 모든 정답이 인터넷에 있다고 생각하기 쉽다. 그러나 인터넷이 정보의 바다임에는 틀림없으나 그 많은 정보 중에서 어느 것이 가장 유용한지 여부에 대한 해답은 주지 못한다. 만일에 대비해 유용한 정보들을 수첩에 메모해두는 자세가 필요하다.

주요 재테크 사이트

구 분	사이트 이름	주요 서비스
재테크 종합	이모든(www.emoden.com)	모든 금융 계좌 통합 관리
	이머니(www.emoney.co.kr)	절세 관련 정보 정리
	모네타(www.moneta.com)	개인별 맞춤 포트폴리오 구성
보험 전문	인스밸리(www.insvalley.com)	보험료 견적 서비스, 개인별
	인슈넷(www.insunet.co.kr)	맞춤보험 상품 소개
은행 관련	은행연합회(www.kfb.or.kr)	금리 및 수수료 비교

33 보험 해지에도 노하우가 필요하다

세대당 보험 가입률이 90%를 넘어섰다. 먹고살 만한 가정은 적어도 한두 개 이상 보험에 가입했다는 뜻이다. 하지만 재테크에 관심이 많고 1~2%의 수익률까지 꼼꼼하게 챙기는 사람조차도 보험상품 해지에는 상대적으로 철저하지 못한 것이 현실이다. 특히 갑자기 자금이 필요해 어쩔 수 없이 해약한다면서, 아무런 기준 없이 해약했다가 나중에 재가입하는 사람들이 많다. 이 경우 보험료가 높아져 적지 않은 손해를 보게 된다. 보험상품을 해지할 때 반드시 알아두어야 할 몇 가지 사항을 점검해보자.

고금리 보험상품은 저금리 시대의 보물

예정이율은 보험료를 결정하는 중요한 요소다. 과거에는 예정이율이 높았기 때문에 요즘 나온 보험상품보다 상대적으로 보험료가 저렴했다. 보험에 다시 가입하지 않겠다면 몰라도, 과거에 가입한 보험을 해약하고 나중에 다른 보험상품에 가입하는 것은 큰 손해다. 더욱 비싼 보험료를 지불해야 하기 때문이다.

지금 보험사들은 고객에게 돌려주어야 할 이자돈이 운용 수익금보다 많은 '금리 역마진'에 시달리면서, 고금리 보험상품 가입자들에게 변동금리형 저금리상품으로 갈아탈 것을 유도하고 있다. 소비자들은 이들의 장삿속에 계속 당하기만 해야 할까? '눈에는 눈, 이에는 이'인 것처럼 금융회사들의 얄팍한 상술에는 '얌체 짓'으로 대응해야 손해가 없다.

생보사들이 해약 또는 전환을 유도하고 있는 상품은 1997년 말과 1998년 초 유동성 위기를 벗어나기 위해 급조해서 팔았던 연 9.5%짜리 확정금리형 저축성 보험상품들이다. 만기까지 계약을 유지하면 연 9.5%를 보장받을 수 있는 고금리상품으로, 현재 4%대의 시중 금리를 감안하면 이 보험은 효자상품이 아닐 수 없다. 이런 상품은 저축하는 셈치고 해약하지 말라.

휴면보험금, 천천히 찾아라

지금 금융기관에서 주인 모르게 잠자는 고객의 돈이 수천억 원이나 된다. 바로 휴면예금·휴면보험금이다. 금액이 소액이라고 해서, 또는 예금이 있는지조차 몰라서 찾지 않고 잊어버린 돈이다. 이 돈은 상법상 5년이 지나면 금융기관의 수익으로 잡힌다. 물론 금융기관은 일반기업과 달리 이익으로 처리한 후에도 고객이 요청하면 되돌려주고 있다. 은행이나 보험사는 매년 '휴면예금·보험금 찾아주기 운동'을 펼치고 있지만 다른 누구보다 예금주 본인이 적극 챙겨야 한다.

그런데 가만히 생각하면 휴면보험금은 찾지 않고 그냥 두는 것이 유리할 수도 있다. 은행 휴면예금의 경우는 사실상 이자가 거의 없지만, 보험사는 실효나 만기일로부터 2년까지의 보험금에 대해서는 보험가입 당시의 은행 정기예금 이율이나 보험사 예정이율을 적용해주기 때문이다.

보험사가 보장하는 이율보다 더 높은 수익을 낼 자신이 없거나, 당장 급하게 써야 할 돈이 아니라면 휴면보험금은 천천히 찾는 것이 유리하다. 휴면보험금은 생명보험협회(www.klia.or.kr)와 손해보험협회(www.knia.or.kr) 홈페이지에 들어가서 주민등록번호와 이름을 입력하면 간단히 알아낼 수 있다.

보험료 낼 돈 없다고 걱정하지 마라

만약 급전이 필요하다면 보험을 해약하지 말고 약관대출을 이용하는 것이 유리하다. 약관대출의 이율은 당연히 예치이율보다 높지만, 만기에 받게 되는 이자를 고려하면 약관대출이 더 유리할 수도 있다.

불가피하게 보험을 해약할 때는 지금 당장 필요하지 않은 보험, 즉 교육보험이나 연금보험을 해약하는 것이 좋다. 교육보험과 연금보험 중에서 어느 것을 먼저 해약할 것인가는 상황에 따라 다르지만, 대개 교육보험부터 해약하는 것이 유리하다. 물론 가입한 지 얼마 되지 않은 것부터 해약한 후의 일이다.

하지만 자동차보험과 보장성보험은 절대 해약해서는 안 된다. 보장성보험은 중도에 해지하면 상당한 원금손실을 감수해야 한다. 이자는 고사하고 불입한 보험료조차 다 찾지 못하는 경우가 허다하다. 더 큰 문제는, 생계가 힘들다고 덜컥 보험을 해지하면 불의의 사고를 당했을 때 전혀 보장을 받지 못하게 되어 경제적 어려움이 훨씬 더 커진다는 것이다.

생활이 도저히 힘들어서 보험료를 불입하지 못할 경우라면 현재까지 낸 보험료만으로 보장을 해주는 '감액 완납제도'나 '연장 정기보험'을 이용할 필요가 있다. 또한 일시적인 사정으로 보험료를 내기가 어렵다면 '자동 대출납입'이나 '중도금 인출제도'를 활용한다.

결론적으로 보험 등 금융상품 해약은 충동이나 감정에 의해 결정할 것이 아니라 금융상품을 선택할 때 금리 1%를 따지듯이 신중히 따져봐야 하는 것이다.

보험료 납부가 힘들 때 보험을 유지하는 방법

구 분	내 용	요 건	활용 가능한 보험가입자
보험료 감액 완납 제도	현재까지 낸 보험료만으로 만기까지 불입한 것으로 가정해서 각종 사고 시 보장	통상 보험료 3년 이상 납입한 계약자만 해당, 인감증명서 등 서류 갖춘 후 보험사 방문하여 재계약	경제적 어려움 등으로 향후 보험료 추가 납부가 불가능한 사람
보험료 자동대출 납입제도	해약환급금 범위 내에서 대출을 받아 매달 자동적으로 보험료 불입	보험료 납입일이 속하는 달의 익월 말일까지 서면으로 대출 신청(보통 1년 단위로 재신청하여야 함)	일시적으로 보험료 납부가 힘든 사람
연장 정기보험	보험료를 추가 납입하지 않고 이미 납부한 보험료로 사고 시 보장하되, 보장기간을 단축		
중도인출금 제도	해약환급금의 50%까지 찾아서 보험료를 내는 제도로, 수수료는 인출 금액의 1%		

34 자동차보험의 모든 것

자동차 보험료가 완전 자유화된 이후 이제 자동차보험에도 보험 재테크의 필요성이 점점 커지고 있다. 가장 기본적인 자동차보험 재테크는 법을 잘 지키는 것이다. 교통법규를 잘 지키는 운전자의 경우, 보험료를 최고 10%까지 할인받을 수 있기 때문이다. 이 외에도 자동차 보험료를 절약하면서 필요한 보장기능을 빠짐없이 챙길 수 있는 방법을 알아보자.

운전자 연령에 맞는 보험상품을 골라라

운전자 연령을 감안해 연령을 제한하는 특약에 가입할 수 있다. 하지만, 가족 중 실제 운전자가 제한연령보다 낮은 사람이 운전하다 사고가 나면 보상받을 수 없으니 잘 따져보아야 한다. 또 가입자나 운전경력에 따라서도 보험료가 달라지니 자동차를 구입할 때부터 가입 및 운전경력이 많은 사람이 가입할 수 있도록 고려해야 한다.

'부부한정특약'에 가입하라

내가 혼자 운전하는 차보다 여러 사람이 운전하는 차가 아무래도 사고 확률이 높다. 운전자를 제한함으로써 사고발생 확률이 줄어들면 보험료도 할인되는 것은 당연지사. 자동차 보험료를 아끼려면 가족만이 운전할 수 있는 '가족한정특약'에 가입하는 것이 좋다. 여기서의 가족은 본인·배우자·부모·배우자의 부모(시부모 또는 장인 장모)·자녀·사위·며느리를 말한다. 샐러리맨의 경우 차량의 용도를 '출퇴근 및 가정용도' 특약으로 가입하면 '개인사업 및 기타용도'로 가입하는 것보다 보험료가 상대적으로 저렴하다. 또한 30~40대를 겨냥한 '부부한정특약' 상품에도 관심을 기울이자. 부부한정특약 상품은 가족한정특약에 비해 5~7%나 보험료가 낮아 큰 인기를 끌고 있다.

'자기부담금 제도'를 이용하라

'자기부담금 제도'는 자기 차량 손해에 대해 일정 금액까지는 보험사에 부담을 지우지 않고 자동차 소유자인 피보험자가 비용을 책임을 지는 것이다. 보험사 입장에서는 소액 사건에 대한 업무비용을 절감하는 효과가 있고, 보험 계약자 입장에서는 보험료 할인혜택을 받기 때문에 양측 모두 유리한 제도라고 할 수 있다. 통상 5만~50만 원까지 설정할 수 있지만, 자기부담금을 설정하지 않는 보험사도 있다.

자기부담금이 클수록 자동차 보험료는 저렴해진다. 만약 자동차 보험료를 줄이고 싶다면 적절한 수준까지 자기부담금을 높이면 된다. 특히 비싼 차량의 경우 이 제도를 활용하면 경제적이다.

온라인 보험사에 가입하라

최근 보험설계사나 대리점이 아닌 인터넷이나 전화로 고객에게 접근해 기존의 자동차보험 상품보다 최고 20% 가까이 보험료를 깎아주는 온라인보험사들이 돌풍을 일으키고 있다. 인터넷 보험에 가입할 때는 인터넷보험 전문사이트의 '자동차 보험료 비교 견적 서비스'를 통해 보험상품을 비교한 뒤 결정하는 것이 좋다.

"도시는 불사조이며, 인간욕심의 핵은 토지다"라는 말이 있다. 돌이켜보면 인간의 역사는 전쟁의 역사이며, 전쟁의 역사는 도시와 토지를 점령하고 공격하는 역사였다. 부동산은 영어로 'real estate'라고 한다. 'estate'는 신분을 의미하는 라틴어 'status'에서 나왔다. 옛날이나 지금이나 부동산은 부의 상징이자, 그 사람의 진정한 신분을 나타내주고 있음을 알 수 있다. 노후자금 마련의 시작이 금융상품이라면 끝은 부동산이다.

지금까지 주식 투자자는 오로지 주식만, 부동산 투자자는 부동산만 바라보는 것이 그동안의 재테크 패턴이었다. 무조건 돈 된다 싶으면 '몰빵투자'요, '차입투자'였다. 그러나 앞으로 부동산 시장에 커다란 변화가 예고되고 있다. 정부가 최근에 대거 쏟아놓은 부동산 규제의 힘이 발휘될 때가 왔고, 투자처를 잃은 자금은 갈곳을 몰라 갈팡질팡할 것이다. 이제 더 이상

사두기만 하면 오른다는 '묻지마 투자'로는 돈을 벌 수가 없게 되었다. 특히 마이너스 실질금리 시대에는 치고 빠지기 식의 틈새투자의 기회를 엿보아야 하나 그것도 쉽지 않은 상황이다.

투자목표를 구체화하라

부동산 투자를 하려는 목표는 여러 가지가 있을 수 있다. 예컨대 단기 시세차익을 목표로 할 수도 있고, 내집을 마련하는 것이 우선이 될 수도 있다. 그러나 어떤 것이 목표이든 간에 그 목표는 구체적이고 명확해야 한다. 또 목표달성의 기한을 정하는 것도 중요하다. 기한 내에 목표를 달성하기 위한 행동을 구체화할 수 있기 때문이다. 목표를 설정했다고 해서 중도에 바꿀 수 없다는 것은 아니다. 투자환경이 변할 때에는 투자의 계획과 실천방법을 계속 수정보완해 나가야 한다. 합리적인 투자계획이란 끊임없이 순환하는 일종의 사이클로 생각하면 된다.

수익성과 환금성을 동시에 따져라

주식이나 채권에 비해 투자규모가 커 목돈이 필요한 것이 부동산 투자이다. 부동산 투자의 경우 '입장료'만 해도 최소 수천만 원이 필요하다. 그래서 부동산 투자를 '돈 놓고 돈 먹기'라고 하고, 투자보다는 '투기'라는 말로 투자자를 비판하기도 한다. 따라서 부동산 투자의 실패는 가정경제에 엄청난 경제적 고통을 안겨준다. 이제 집값 상승의 막연한 기대심리를 갖고 투자하는 속칭 '투기'는 그만두어야 한다. 수익성과 환금성을 따지는 안목을 높여야 한다는 얘기다. 투자자 스스로 전세나 임대보증금 명목으로 목돈을 받아 부동산에 재투자하는 악순환의 고리를 끊고 자금흐름을 원활히 순환시키는 상품으로 눈을 돌려야 하는 것이다. 앞으로의 부동산 재테크는 시세차익보다 운영수익을 높이는 쪽으로 바뀌어야 한다.

투자목적은 대중적이어야 한다

투자를 목적으로 하는 부동산과 활용을 목적으로 하는 부동산 간에는 큰 차이를 두어야 한다. 이용할 부동산은 내가 좋다면 사막이나 심심산천 골짜기도 좋지만, 투자를 목적으로 할 때는 많은 사람들의 구미를 당기는 대중적인 부동산이어야 한다. 팔아야 소득이 발생하기 때문에 여러 사람이 마음에 드는 부동산을 선택하는 것이 요령이다. 지금은 교통이 불편하여 투자가치가 적지만, 교통문제만 해결되면 좋을 것 같다는 의견이 지배적인 곳이라면 투자가치가 있을 것이다. 언제 교통문제가 해결되느냐가 처분시점이 되는 셈이다.

시중금리 동향과 기회비용을 예의 주시하라

내집 마련을 하는 사람은 앞으로의 집값 동향과 금리변화에 대한 리스크를 잘 따져야 한다. 지금의 집값이 바닥이라고 생각하고 대출을 얻어 집을 샀는데 곧 금리가 뛰어오를 경우 낭패를 보기 십상이다. 부동산 투자자들은 금리변화나 개인의 유동성과 관련된 리스크를 늘 염두에 두는 것이 바람직하다. 또한 '기회비용'이라는 잣대를 사용하는 것도 필요하다. 기회비용이란 어느 하나를 선택함으로써 다른 하나를 포기해야 하는 비용을 말하는데, 때로는 돈으로 측정할 수 없는 것도 있기 때문이다.

알아두면 유익한 부동산 상식 *36*

부동산에 대한 인간의 소유욕은 옛날이나 지금이나 크게 변한 것이 없다. 대다수의 사람들에게 재산 중 부동산이 차지하는 비중이 가장 높고, 부동산 그 자체의 비중이 부(富)와 연결되는 일종의 신분과도 같기 때문이다. 우리나라에서는 그동안 시간적 차이만 있었지 언제나 '부동산 불패신화'가 존재하였다. 한 번 성공하기만 하면 팔자를 고칠 정도로 엄청난 자본이득을 가져다 준 것이 바로 부동산 투자였던 것이다. 알아두면 유익한 부동산 상식 몇 가지를 살펴보자.

부동산은 정직하다

부동산 투자에서 가장 큰 이익을 얻는 사람들은 대부분의 경우 전문적인 지식으로 정확히 미래를 예측할 수 있는 사람들이거나, 아니면 우직하게 한 번 쥔 것을 놓지 않고 버티는 사람들이다. 다시 말해 부동산은 머리로 투자하는 사람들과 시간에 투자하는 사람들에게 꼭 보답한다는 것이다.

가장 좋은 부동산이 가장 많이 오른다

부동산은 입지와 타이밍 그리고 라이프 사이클에 따라 투자가치가 달라진다. 이들 요건이 투자의 성패를 좌우한다고 해도 과언이 아니다. 값이 좀 비싸더라도 목이 좋아야 공실률이 낮고 임대수요가 많다. 뿐만 아니라 오를 때 많이 오르고, 떨어질 때 덜 떨어진다. 싼 게 비지떡이라는 말을 상기해야 한다. 즉, 가장 좋은 부동산의 강점은 부동산 경기의 침체기에 더욱 명백하게 들어난다는 얘기다.

경기 침체기에 특별한 사정이 발생하여 급히 부동산을 처분하고자 할 때는 최고의 부동산, 예컨데 아파트도 로얄층이 잘 팔린다. 땅에 대한 투자도 마찬가지이며 상가에 대한 투자도 마찬가지다. 부동산의 가치는 사주는 사람이 가치를 부여하기 때문에 사려는 사람의 입장을 고려하지 않으면 실패한다. 팔 때를 염두에 두어야 한다는 의미는 그것을 이용하는 사람의 입장에서 생각해야 한다는 것이다. 집은 집에서 가장 많은 시간을 보내는 주부가, 호화주택을 사는 사람은 호화생활을 하는 사람이 가장 그들의 마음에 드는 집을 지을 수 있다. 바로 그들의 입장에 설 수 있을 때 가장 팔기 쉽고 높은 값을 받을 수 있는 부동산이 되는 것이다.

부동산 사기꾼은 작은 돈을 노린다

노련한 사기꾼들은 언제나 적은 자금을 노린다. 한 사람에게 10억 원을 사취하는 것보다는 100명에게서 1천만 원씩 사취하는 것이 훨씬 안전하기 때문이다. 부동산의 경우도 마찬가지다. 부동산 사기꾼들에게 당하는 사람들은 대부분 어렵게 월급을 쪼개어 몇천만 원을 모아놓은 월급쟁이들이다. 사기꾼들은 가장 먼저 그럴듯한 부동산을 물색하여 약간의 가공작업을 거친다. 그 다음에는 그물을 치고 피해자를 물색한다.

부동산을 사는 것은 장래를 사는 것

부동산에 투자하고자 할 때 전문가들이 내세우는 제1원칙이 "다리품을 팔아라"이다. 물론 틀린 말은 아니다. 그러나 부동산에 투자한다는 것은 발로 사는 것도 아니며 남의 말을 들어서 귀로 사는 것도 아니다. 정확히 말하면, "법률을 사는 것, 환경을 사는 것, 장래를 사는 것"이다.

37 부동산 부자들의 습관

우리나라 사람들의 부동산에 대한 애착은 애처롭기까지 하다. 심지어 문학작품의 이름에도 토지와 땅이 글의 소재로 들어갔으며 베스트셀러가 되기도 했다. 건국이래 뛰어난 소설로 선정된 53개 소설 중 1위는 박경리의 장편 『토지』였으며, 마지막은 임철우의 단편 『아버지와 땅』이었다. 우리나라뿐만이 아니다. 노벨문학상을 받은 펄벅여사의 작품이름도 『대지』였다.

모든 사람에게 기회는 균등하게 주어진다. 하지만 부자들은 그러한 기회를 잘 활용해서 재산을 모으고, 가난한 사람들은 기회를 잡지 못하고 남의 탓, 조상 탓만 하게 된다. 지금이라도 늦지 않았다. 금융시장이 저금리라면 저금리대로 또 다른 틈새상품이나 기회가 있기 마련이다. 부동산이 정부의 규제로 숨죽이고 있지만, 부자들은 그 기회를 엿보고 있다.

한 우물을 판다

부자들은 늘 열심히 공부한다. 그리고 한 우물을 판다. 한 우물을 판다는 건 부자들에게는 예외없이 때를 기다리는 여유와 인내가 있다는 말이기도 하다. 부동산을 매매하거나 주식에 투자하더라도 안달하거나 조급하게 굴어 화를 자초하는 법이 없다. 즉, 자기만의 투자교본에 따라 자기만의 방식으로, 기다릴 때는 기다리고 손해를 보더라도 버릴 것은 과감하게 버린다. 그래서 그들은 작은 손해를 봐도 후회하거나 실망하지 않는다. 주식투자와 같이 기다림의 법칙을 아는 사람들이다.

20대부터 부동산에 눈을 떴다

부동산 부자들은 공부는 못했어도 20대부터 부동산에 일찍 관심을 가진 사람들이다. 그들은 부동산의 게임판이 어떻게 굴러가고 있으며 게임의 법칙이 무엇인지를 돈이 없을 때부터 미리 파악하고 준비하고 있었던 사람들이다. 학창시절에 영어단어나 수학공식은 외우기 싫어했어도 돈을 번 사람들의 노하우에 대해서는 잠을 안 자고 터득한 사람들이다. 정치뉴스에는 무관심하나 돈과 관련된 정보에는 두 귀를 쫑긋 세우는 사람들이다. 특히 그들이 좋은 인간관계를 맺고 있는 부류는 동네 터줏대감과 부동산 중개업소다. 시간이 나면 수시로 들러 소주 한 잔 사주면서 좋은 물건, 돈 되는 정보나 소문을 구한다. "얼마에 사주면(또는 팔아주면) 복비를 얼마 더 주겠다"고 환심을 사면서.

아는 종목만 투자한다

투자용 부동산을 고르는 것은 주식투자와 너무나 흡사하다. 잘 모르는 회사의 주식을 사지 않듯이 아무리 투자가치가 있어 보이는 부동산일지라도 잘 모르는 지역에 위치해 있거나 그런 부동산 종목일 경우 거들떠 보지도 않는다. 부동산 부자들은 주택시장이 기울면 토지시장을 넘보고 그게 안되면 상가로 방향을 트는 초보투자자들과 전혀 다르다. 자신이 많이 아는 부동산 종목만 집중공략한다. 그렇다고 몰빵을 하지는 않는다. 사자나 독수리가 아프리카 전체를 돌아다니면서 먹이를 찾지는 않는다. 즉, 대한민국 전역을 무대로 사냥을 다니지 말고 자신이 투자하고 싶은 지역과 종목에 투자하라.

또한 부동산 투자 고수들은 금융상품에 대해서도 해박한 지식을 가지고 있다. 부동산과 금융상품은 별개의 상품이지만 그들은 실물경제와 금융경제의 그림자 노릇을 하기 때문에 상호간의 흐름을 누구보다도 잘 이해하고 있는 것이다.

부동산 중개수수료를 합리적으로 지불하는 노하우

영수증은 기본이다. 중개수수료 요율표에 의거해 수수료를 지불하고, 영수증을 꼭 챙기도록 하자. 영수증 발급을 꺼리는 업소의 경우, 적발되면 6개월 이하의 영업 정지까지 당할 수 있음을 상기시키도록 한다.

신뢰할 수 있는 업소인지도 확인해야 한다. 무엇보다 해당 중개업소가 관할 관청 등록 및 공제조합 가입 업소인지 등을 확인한다. 수수료는 거래

196

전에 미리 확정한 뒤 서면으로 계약서를 작성하거나 중개업소와 사전에 상의하는 것이 좋다.

또 분쟁이 생기면 민원실(지적과)에 신고하도록 한다. 복비를 과다 지급한 경우에는 마음속으로만 안타까워 하지 말고 행동에 옮겨야 한다. 위반 중개업소를 관할 시·군·구청의 민원실(지적과)에 신고한다. 신고 방법은 직접 방문, 전화 및 인터넷 접수도 가능하다. 신고할 때 반드시 영수증이 필요한 것은 아니나, 사후에 결정적인 증거자료가 될 수 있으므로 반드시 보관하도록 한다.

부동산 중개수수료 요율표(서울 기준)

종 별	거래가액	수수료요율	최고 한도액	비 고
매매·교환	5천만 원 미만	0.6%	25만 원	
	5천만 원~2억 원 미만	0.5%	80만 원	-
	2억 원~6억 원 미만	0.4%	-	거래가액×수수료율
	6억 원 이상	0.2%~0.9%	-	정해진 수수료율 범위 내에서 상호협의 결정
임대차 등	5천만 원 미만	0.5%	20만 원	-
	5천만 원~1억 원 미만	0.4%	30만 원	-
	1억 원~3억 원 미만	0.3%	-	거래가액×수수료율
	3억 원 이상	0.2%~0.8%	-	정해진 수수료율 범위 내에서 상호협의 결정

38 부동산의 뮤추얼펀드, 리츠

주식 간접투자는 투자자가 직접 주식을 골라 사는 대신, 펀드에 돈을 맡기면 전문가들이 그 돈으로 괜찮은 주식을 사고판 뒤 수익을 투자자에게 돌려주는 방식을 일컫는다. 부동산 간접투자 상품인 리츠도 마찬가지다. 정보와 시간이 부족한 투자자를 대신해 전문가들이 쓸 만한 부동산을 선별해 투자한 뒤 수수료를 일부 떼고 남는 수익을 투자자에게 지급한다. 부동산에 직접 투자할 때 임차인이나 건물을 관리하는 데 들어갈 수고를 덜 수 있는 것이다.

리츠란?

부동산 간접투자 상품인 리츠(REITs)는 이처럼 부동산에 직접투자할 때

생기는 여러 문제들을 피해갈 수 있다는 점에서 주목할 만하다. 리츠는 투자자들로부터 금전을 위탁받아 부동산 또는 부동산 관련 대출에 투자하고, 그 수익을 투자자들에게 배당하는 회사 또는 투자신탁으로 정의된다. 유가증권에 투자해 수익을 올리는 뮤추얼펀드에 빗대어 '부동산의 뮤추얼펀드' 라고도 불린다.

리츠는 개별 부동산 투자사업을 일종의 회사로 만든다는 점이 특징이다. 따라서 회사가 증권거래소나 코스닥에 상장 또는 등록되면 주식에 의한 시세차익도 얻을 수 있다. 즉, 주식이 발행된 뒤부터 일반 투자자들은 주식 거래를 통해 투자할 수 있는 것이다. 리츠회사는 공모를 통해 투자자를 모아 부동산에 투자한다. 투자자는 공모를 통해 리츠에 청약할 수 있으며, 공모를 못하면 상장된 후 주식 시장에서 매매할 수 있다.

리츠는 1960년대 처음으로 미국에 도입되었으나 부동산 투자자에게는 주식으로, 주식 투자자에게는 부동산으로 인식되어 오랜 기간 활성화되지 못하다가 1990년대 들어 뒤늦게 투자 붐이 일었다.

리츠의 종류

우리나라에서 리츠는 투자자로부터 모은 자금으로 부동산 회사를 설립하여 그 회사에서 부동산을 매입·운용하는 '일반리츠'와 IMF 이후 자산의 유동성에 어려움을 겪고 있는 은행 및 기업의 구조 조정을 지원하기 위한 '구조 조정 리츠' (CR리츠)로 나뉜다. 즉, 모든 종류의 부동산에 투자할 수 있는 일반리츠와 기업이 구조조정을 위해 내놓은 부동산에 집중투자하는 CR리츠

두 가지가 있는데, 현재 활성화되고 있는 것은 CR리츠 하나다.

CR리츠의 경우 부동산 구입 때 취득세·등록세가 면제되고 이익의 일정비율 이상을 배당하면 법인세도 면제되는 등 세제 혜택이 주어진다. 이런저런 세금을 모두 물어야 하는 부동산 직접투자보다 높은 수익률을 올릴 수 있는 조건을 갖춘 셈이다. 단, 정부에서 세제 혜택의 일부 축소를 검토하고 있다는 점은 염두에 두어야 한다.

리츠의 투자 위험

리츠는 일반주식과 달리 부동산이라는 실물자산에 투자한다는 특성으로 인해 주식가격이 상당히 안정적이다. 주식 시장에서 변동성을 측정해주는 소위 '베타(β)계수'가 낮기 때문에 시장위험에 그만큼 적게 노출된다는 것이다. 또한 일반 주식회사의 경우 부도가 날 수도 있지만 리츠의 경우 부도가 나는 일은 거의 없다. 그만큼 투자위험이 낮다고 볼 수 있다.

그러나 리츠주식도 신탁사의 일반 투자신탁과 같이 원금손실을 볼 수 있는 상품이다. 수익만 있고 손실은 없는 재테크 수단으로 생각해서는 안 되는 것이다. 투자대상이 부동산이어서 부동산에 대한 투자 실패, 부동산의 가격하락 등으로 손실이 발생할 수도 있다는 점을 명심해야 한다.

리츠투자 시의 고려할 점

따라서 리츠도 투자하기 앞서 여러 가지로 검토할 것들이 많다. 가장 중요

200

한 것은 자산운용회사(AMC) 측에서 제공하는 투자설명서를 챙겨 읽는 것이다. 투자설명서에는 자산운용 방법과 대상, 계약조건 등 필수사항이 담겨 있는데, 수익률 전망과 투자 위험에 대해서도 상세하게 기술되어 있다.

또한 리츠에 따라 투자 대상 부동산이 주로 사무실로 구성되어 있을 수도 있고, 상가나 기타 부동산을 편입할 수도 있다. 따라서 시장상황과 운용 자산에 따라 수익률이 달라진다. 나중에 청산절차를 밟을 때 매각 지연으로 인해 문제가 생길 수도 있음을 염두에 두어야 한다.

리츠수익률은 자산을 얼마나 효과적으로 운용하는가에 의해 좌우되므로 자산운용 회사가 어떤 능력을 가지고 있는지도 잘 판단해야 한다. 계약 조건에 총액인수·풋백옵션과 같은 안전장치가 있는지도 꼭 확인해야 한다. 증권사와 총액인수 조건으로 공모를 하면 목표금액에 미달하더라도 나머지를 증권사가 부담하기 때문에 리츠의 상장 위험이 보전될 수 있다. 또한 자산 매각자와 풋백옵션을 맺으면 청산 시 부동산 시황이 여의치 않더라도 자산 매각자에게 정해진 가격으로 되팔 수 있어 시장위험을 회피할 수 있다. 그 밖에도 발기인으로 참여한 기관투자가의 면면을 살펴보는 것도 리츠의 성공여부를 판단하는 중요한 잣대가 될 수 있다.

이제 도심의 우뚝 솟은 오피스 건물도 주식으로 바뀌어 증권시장에서 사고 팔 수 있게 된 세상이다. 삼성전자의 주식을 사서 삼성전자의 주주가 되는 것처럼, 영원히 다른 사람의 것으로만 여겨졌던 대형빌딩도 내가 주인이 될 수 있게 되었다.

39 월급쟁이들의 연말보너스, 연말정산

유리지갑으로 통하는 샐러리맨들에게 누구에게나 매년 한 번씩 공평하게 주어지는 절세(節稅)의 기회가 있는데, 다름아닌 연말정산이 그것이다. 세상 모든 일이 그렇듯 연말정산 역시 '아는 만큼' 혜택을 볼 수 있다. 연말정산만 꼼꼼히 챙겨도 그동안 낸 세금에서 적게는 수십만 원에서 많게는 수백만 원까지 돌려받을 수 있기 때문이다.

연말정산 구조

직장인은 1년에 한 번씩 자기가 속해 있는 직장에 연말정산 신청서를 제출해야 한다. 해마다 반복되는 일이지만 사회 초년생이든 10년이 넘은 고참 직장인이든 연말의 뒤숭숭한 분위기 속에서 제출마감일이 코앞에 닥쳐야 허둥지둥 처리하는 경우가 많다. 평소에 영수증이나 공제증명서 등을 잘 챙기지 않으면 이럴 때 손해보기 마련이다. 자기 권리를 스스로 포기하는 것은 재테크 측면에서 악덕이다.

연말정산 구조를 한번 살펴보자. 근로소득(총 연봉에서 비과세소득을 제외한 것)에서 근로소득공제를 뺀 것이 근로소득금액이다. 여기에서 다시 인적공제 · 특별공제 · 기타소득공제를 뺀 금액이 과세표준이다. 여기에 세율을 곱하면 산출세액이 나온다. 산출세액에서 세액공제를 하면 최종 결정세액이 된다. 일단 이러한 구조를 알고 있어야 한다. 외울 필요는 없다. 11월 초만 되면 언론에 자세히 소개되기 때문이다. 연말정산을 자동으로 계산해주는 프로그램을 무료제공하는 인터넷 홈페이지도 많다.

연말 정산의 구조

연봉 − 비과세 소득	= 근로소득
근로소득 − 근로소득공제	= 근로소득금액
근로소득금액 − 인적공제 · 특별공제 · 기타소득공제	= 과세표준
과세표준 × 세율	= 산출세액
산출세액 − 세액공제	= 결정세액

영수증을 월별로 챙긴다

연말정산 구조를 이해했다면 왜 영수증을 잘 챙겨야 하는지 답이 나온다. 특별공제는 보험료 · 의료비 · 교육비 · 기부금 · 주택자금공제로 나누어져 있다. 영수증 중에서도 의료비를 잘 챙겨야 한다. 보험료는 가입한 회사에서 연말에 우편으로 통보해주므로 걱정할 필요가 없다. 특히 의료비를 신용카드로 결제하면 의료비·신용카드 공제를 이중으로 받을 수 있어 일거양득이다. 기부금 영수증도 분실하면 재발급을 안 해주는 곳이 있다. 따라서 연초부터 파일을 만들어 각종 영수증을 월별로 모으는 것이 좋다.

관련 서류들도 미리미리 준비한다

예를 들어 12월 15일에 자녀가 출생해 부양가족이 늘었다면 12월 31일을 기준으로 부양가족으로 인정받아 인적공제(100만 원)를 받을 수 있다. 단 부양가족으로 인정받기 위해서는 주민등록등본에 이름이 올라야 한다. 따라서 출생신고를 늦게 하면 손해를 볼 수 있다. 부모님을 모시고 살 경우, 부모님이 만 65세가 넘었으면 경로우대자공제가 가능하다. 부양하던 부모님이 사망했을 경우 1월 2일에 돌아가셨다면 연말에 인적공제가 가능하지만 1월 1일이면 사망일 전일로 보아 해당사항이 없다.

세액공제·소득공제 금융 상품을 활용한다

연말정산과 관련된 세법은 해마다 변경되는 일이 잦다. 금융기관들이 세액공제 상품을 새로 내놓거나 세율이 변하는 경우도 있다. 따라서 적극적으로 세액·소득공제 금융상품에 가입하면 환급액이 많아지므로 그만큼 유리하다.

자동 계산 프로그램을 활용해 미리 계산해본다

연말정산 때가 되면 각 언론매체나 금융권 홈페이지에 연말정산 자동 계산 프로그램이 등장한다. 그러므로 지난 1년 동안 모은 공제 자료를 입력해 얼마를 환급받을 수 있는지 체크한다. 환급세액을 더 늘리고 싶다면 각종 세액·소득공제 상품에 가입한다든지, 인적공제에서 빠진 부분이 있는지를 다시 한 번 점검한다.

빠진 부분은 이듬해 5월에 다시 신고한다

연말정산이 끝난 뒤 상당액의 기부금 영수증을 찾았다든지 사라진 영수증을 발견했다면 어떻게 해야 할까? 이미 지난 일이라며 포기하는 수가 많다. 그러나 기회는 한 번 더 있다. 이듬해 5월 말까지로 되어 있는 종합소득세 신고기간을 이용하면 추가로 소득공제를 받을 수 있다. 남에게 부탁하거나 묻지 말고, 세무공부도 할 겸, 직접 세무서를 찾아가서 신고해보는 것도 좋을 것이다.

샐러리맨들은 '세금을 내기 위해 일하는' 사람들이지만 부자들은 '세금의 원리를 잘 활용하는' 사람들이다. 연말정산은 샐러리맨 자신이 억울하게 냈던 세금을 되돌려받는 것이므로 국세청에 미안해 할 필요도 없다. 우리나라 세금징수의 수장인 지금의 국세청장도 이전 직장에서 매년 연말정산을 통해 납부세금의 70% 이상을 환급받은 '절세의 달인' 이었다. 그의 절세비법은 소득공제 금융상품을 가입하고, 의료비 및 기부금공제 등 소득공제 대상을 최대한 활용한 것이었다.

5

2030세대의 돈 관리법

2030세대의 돈 관리법

연령에 따라 재테크 방식이 크게 달라져야 할까? 절대 그렇지는 않다. 다만 수입과 지출의 규모, 그리고 수지내용이 크게 다르기 때문에 그에 걸맞는 돈 관리법을 찾아야 하는 것뿐이다. 2030세대의 돈관리 키워드는 뭐니뭐니해도 '절약'과 '저축'이다. 젊어서 빠지기 쉬운 "노세노세 젊어서 노세"하는 식의 흥청망청을 지양하고, 주로 근로소득으로 이루어지는 소득원을 적극적으로 활용하는 것이다. 2030세대는 "젊어서 고생은 사서 한다"는 옛말을 귀담아 들을 필요가 있다. 인생의 전반부에 고생해서 중년에 안정을 찾고, 노년에는 풍요를 누린다면 그야말로 성공한 삶이 아니겠는가. 특히 2030세대의 돈에 대한 시각은 이중적이다. 돈의 가치를 높이 평가하면서도 돈 관리법에 있어서는 4050세대보다 더 돈맹이 많기 때문이다. 현대사회에서는 컴맹보다도 돈맹이 더 생존하기 어렵다는 사실을 알아야 한다.

2030 좌우명 '절약 또 절약' *40*

2030세대는 사회생활을 갓 시작하는 사회초년생에서부터, 결혼을 해 자녀가 어느 정도 성장하는, 즉 직장에서 중견사원이 되기까지의 과정이라고 할 수 있다. 20대는 스스로 돈을 벌기 시작하는 시기이고, 경제적으로 독립할 수 있게 되었다는 생각으로 가슴이 뛴다. 그러나 생각만큼 경제적 독립을 이루기가 힘들다. 자동차도 사고 싶고, 결혼도 준비해야 하는데 월급은 충분하지 않고, 또 이것저것 떼이고 나면 수중에는 남는 것이 거의 없다. 노후준비는 고사하고 지금 당장 생활에 필요한 자금에도 여유가 없는 것처럼 느껴지기도 한다.

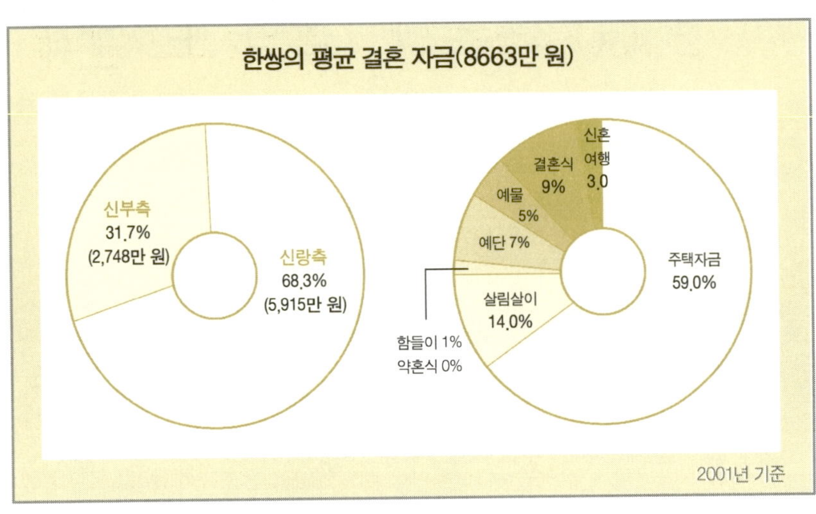

2030세대의 재테크 의식

30대는 가족 형성기이며 재테크에서도 가장 중요한 '뼈대 형성기' 이다. 이제까지 없었던 자녀출산과 자녀교육비 등 지출도 커지는 시기다. 그러나 최근 2030세대의 재테크 전선에 이상 기류가 형성되고 있다. 주로 미혼이나 신혼 단계에 있는 2030세대들은 다른 세대에 비해 재테크 여력이 크고, 결혼자금이나 자녀의 출산 및 주택자금 마련 등 저축 동기가 높아야 할 세대임에도 불구하고 저축률은 계속 떨어지고 있다는 것이다. 2030세대는 최근 사회적 문제로 떠오르고 있는 신용불량자 증가에도 큰 몫을 차지하고 있다.

그렇다면 이들의 저축률이 떨어지는 이유는 뭘까? 저축하고 남은 돈으로 쓰는 것이 아니라 '일단 쓰고 보자' 는 소비 성향이 높기 때문이다. 승용차에 대한 설문조사 결과를 보면, 20대는 45.4%, 30대는 48.7%가 차의 필요성에 대해 긍정적으로 답변했다. 반면에 40~50대는 차의 필요성에 대해 28.8%만이 손을 들었다. 2030세대와 무려 20%포인트 가까운 차이를 보인 셈이다. 반면에 주택의 필요성에 대해서는 2030세대가 46%대의 긍정적인 의견을 보인 반면, 4050세대는 무려 63.6%가 반드시 필요하다고 답했다. 젊은 세대는 집보다 차, 기성 세대는 차보다 집이 먼저 라는 인식을 갖고 있는 것이다. 또한 2030세대 등 젊은 세대는 돈이 중요하고 성공의 중요한 기준이라고 응답했지만 의외로 재테크에는 무관심한 것으로 나타났다.

먼저 돈 쓰는 방법을 배워야 성공한다

인생에 있어서 재테크 승부는 2030세대에서 결판난다. 신입사원의 경우, 첫월급으로 누구에게 어떤 선물을 해야 하는가가 첫 번째라면, 두 번째로 이제 어떻게 돈 관리를 해나가야 할 것인가가 그 고민거리가 될 것이다. 그런데 기존의 재테크 책에는 '어떤 상품에 가입하면 좋다' 라는 것만을 막연하게 강조하고 있는 듯이 보인다. 이제 막 사회생활을 시작했다면 돈을 운용하는 방법보다 돈을 다루는 방법, 즉 지출 방법부터 먼저 익혀야 한다. 2030세대에서 재테크의 성공여부는 얼마나 버는가가 아닌 얼마나 쓰느냐에 달려 있기 때문에 자산증식보다는 지출의 통제에 신경을 써야 한다. 특히 실컷 쓰고 난 뒤 나머지로 저축하는 것이 아니라 무조건 수입에서 일정한 저축액을 떼어놓고 그 나머지로 생활하는 습관이 필요하다.

　2030세대는 반드시 가계부를 쓰는 것이 좋다. 가계부는 지출을 줄이는 지침서나 마찬가지다. 불필요한 소비를 효율적으로 방지하고, 씀씀이를 반성할 수 있는 기회를 제공해주기 때문이다. 꾸준히 가계부를 작성해나가다 보면 소비에 저항할 수 있는 생활 패턴을 익힐 수 있다. 재테크에서 가장 중요하고 어려운 것은 지식이 아니라 실천이다. 농사짓는 지식은 책상에 앉아서 책을 통해 터득할 수는 있지만, 내가 직접 몸을 움직여 밭에 씨를 뿌려야만 가을에 수확을 할 수 있다. 남보다 빨리 종자돈을 만들려면 적은 돈이라도 아껴 쓰고 통장에 넣어두는 실천력이 있어야 한다.

작은 부자는 절약이 만든다

목표가 없는 인생은 나침반없는 항해와도 같다. 재테크도 마찬가지다. 사회생활을 처음 시작할 때부터 장기적인 계획에 따라 자기관리를 철저히 하면서 재산을 불리는 전략을 마련해야 한다. 자신의 연봉을 감안해서 미리미리 결혼 계획과 주택마련 계획을 세워놓고 이를 차근차근 실행해나가야 한다.

저축에 성공하려면 그 목적이 구체적이고 분명해야 한다. 몇 년간의 저축으로 얼마를 모아 어디에 쓰겠다는 세밀한 계획이 있어야 한다. 또다시 말하지만 돈을 모으는 것은 절약의 산물이라는 점도 알아야 한다. 수입에 한계가 있는 상황에서 절약하지 않고 목돈을 만들기는 근본적으로 불가능하다. 결국 벌이의 규모보다는 얼마를 어떻게 모아 가느냐가 중요하다는 얘기다. "큰 부자는 하늘이 내리지만 작은 부자는 절약으로 가능하다"는 말은 이를 두고 하는 말이다. 직장인은 월급날에 맞추어 급여통장에서 적금통장으로 월부금을 자동이체시키는 것이 좋다. 자동이체 금액은 애초부터 월급

212

에 포함되지 않는 '없는 돈' 으로 여기는 것이 편하다.

2030세대의 재테크

구 분	내 용
재테크 접근 방법	• 돈 모으기 • 적당한 위험감수 • 지출의 최소화(저축 후 소비, 신용카드 사용 억제) • 맞벌이 내지 겹벌이 • 대출 활용(30대의 경우 주택구입 등) • 가계부 필히 작성 • 자기계발에 투자
대상 상품(예시)	• 주택청약 상품 • 장기주택마련저축 등 절세상품 가입 • 연금 전환 특약 종신보험 가입 • 펀드 상품, 대형 우량주에 투자

41 겹벌이·투잡스로
'이모작 인생' 시작하라

20대는 인생에서 경제적으로 '터를 닦는 시기' 이다. 이때를 허송한 사람은 기초공사가 부실한 건물이나 잘못 채워진 단추와 같다. 30대는 20대보다 지출이 늘어나는 시기이지만, 2030세대에서는 적어도 총수입의 50%는 저축해야 한다. 또한 젊었을 때일수록 맞벌이는 기본이다. 2030세대에 맞벌이하지 않고서 경제적인 풍요를 기대할 수는 없다. 우리 사회에서 홀벌이는 점차 사라지고 맞벌이가 늘어나고 있다. 이제 맞벌이 부부라는 말이 전혀 어색하지 않은 세상이 된 것이다.

2030 키워드, 맞벌이와 투잡스

이 시대의 2030세대들은 자신의 몸값을 올려야 살아남을 수 있다. 사무직

보다는 영업직에 승부를 걸고, 자격증에 희망을 가져 보는 것도 한 방법이다. 그러나 가장 좋은 해결책은 '맞벌이'와 '투잡스(Two Jobs)'를 갖는 것이다. 즉, 한 개의 직업으로는 불안하므로 2개 이상의 직업을 갖고 있어야 한다는 뜻이다. 투잡스를 다른 말로 하면 세컨드잡 또는 멀티잡인데, 한마디로 '이모작 인생'을 개척하라는 말이다. 투잡스는 단순히 부업이라고 하기에는 비중이 큰 직업이다. 자기의 사적인 시간을 이용해서 갖는 엄연한 직업이다.

만약 30세에 직장생활을 시작한 사람이 55세까지 일했다면 그는 25년 동안 모은 재산으로 80세까지 25년 동안을 더 살아가야 한다. 한 달에 한 달치를 벌어서는 여간해서 답이 나오지 않는다. 한 달에 두 달치씩 벌어서 한 달치는 생활비로 쓰고 한 달치는 고스란히 저축·투자를 해야 노년의 평온함을 보장받을 수 있다는 계산이 나온다.

주5일근무제 실시로 인해 여가시간이 많아져서 놀기 좋다고 생각하면 큰 오산이다. 한 직장에서 일하는 시간은 줄어들었을지 몰라도 실제로 일하는 총시간은 오히려 늘어나고 있으며, 또 그래야 한다. '두 마리 토끼를 잡으려다 한 마리도 못 잡는다', '한 우물만 파라'는 옛말에 연연해서는 안 된다. '옛말 그른 거 하나도 없다'는 말에도 속지 말자. 성공적으로 투잡스의 대열에 들어선 이들은 "투잡스, 진작할걸!" 이렇게 말한다. 21세기는 맞벌이 시대를 넘어 겹벌이 시대인 것이다.

노후 재테크의 핵심은 불로소득을 증가시키는 것이다. 그런데 이자·임대소득 같은 불로소득을 늘리기 위해서는 기초자산(예금·부동산 등)에 대한 투자가 선행되어야 하고, 그 투자비용을 마련하기 위해서는 돈이 있어야 한다. 2030세대가 부자가 되기 위해서는 자신의 몸값을 올리거나 투잡 스·겹벌이를 하는 수밖에 없다.

또한 믿을 직장이 없는 시대에 돈과 명예, 두 마리 토끼를 잡고 싶거나 인생을 업그레이드하고 싶으면 '평생직업'을 가져야 한다. 고실업 시대에도 불구하고 능력 있는 한 사람이 동시에 여러 일자리를 갖는 '1인 다직업 시대(多職業 時代)'가 개막하고 있다. 직장인 사회는 이제 돈을 많이 버는 10%의 고소득층 샐러리맨과 돈을 적게 버는 90%의 평범한 샐러리맨 층으로 이원화되고 있는 것이다.

맞벌이 부부의 성공원칙 '저축 또 저축'

맞벌이 부부는 둘이 버는 만큼 수입이 많다. 그러나 맞벌이 부부일수록 재테크에 세심한 주의를 기울이지 않으면 속 빈 강정이 될 수도 있다. 소득수준이 높은 맞벌이 부부는 남보다 내집 마련이 빠르고, 풍요로운 노후 준비도 훨씬 수월할 것 같지만, 오히려 1인 소득에 의존하는 가계보다 경제적으로 뒤지는 사례가 드물지 않다. 많은 수입을 믿고 헤프게 쓰기 때문이라고 생각된다.

맞벌이 부부라면, 소득수준이나 가족관계 등에 따라서 차이가 있겠지만 적어도 총소득의 60% 이상을 우선 저축하는 것이 바람직하다. 예를 들면 아내 수입을 생활비로 활용하고, 남편의 수입은 전액 저축하는 방식이 좋다. 또 벌어들이는 돈은 남편 따로 아내 따로 각자 관리하는 것이 편리할 수 있지만, 재테크 측면에서는 바람직하지 않다. 부부의 소득을 합산해서

216

한 사람이 관리하는 방식이 효율적일 수 있으며, 소비도 최소화할 수 있다. 다만 한 사람이 관리하되 명의는 공동명의로 하거나 각각의 명의로 하는 것이 좋다.

맞벌이 부부의 재테크는 아이가 생기기 전인 결혼 후 3년 이내에 과연 얼마만큼 돈을 모으느냐에 성패가 달려 있다. 자녀출산 후에는 육아비용이 만만치 않고 맞벌이를 계속하려면 파출부를 쓰는 등의 지출이 따르기 때문이다.

42 저축과 적금에도 순서가 있다

목돈 마련의 으뜸 비결은 '선저축 후소비'의 원칙을 철저히 지키는 것이다. 다만 여기서 주의할 점은 저축과 적금에도 순서가 있다는 점이다. 저금리가 지속되는 상황에서는 한 푼의 이자가 아쉽기 때문에 우선 만기 수령액이 더 많은 상품에 가입해야 한다. 요즈음과 같은 저금리 시대에는 제2금융권의 틈새상품에도 관심을 가져야 한다. 제2금융권의 경우 안전성 면에서는 은행보다 떨어지나 정부의 예금보호제도를 잘 활용하면 안전성과 수익성을 동시에 챙길 수 있다.

저축에도 순서가 있다

이자율이 같더라도 이자소득에 대한 세금이 있고 없고는 큰 차이가 난다.

그렇기 때문에 세금이 면제되고 소득공제 혜택까지 받을 수 있는 비과세 상품이 큰 인기를 끌고 있다. 또한 자금의 소요 시점을 감안해서 저축기간을 정하는 것도 중요하다. 금리와 세금혜택, 가입기간 등을 고려할 때, 2030 맞벌이 부부에게 적극 추천할 만한 저축상품으로는 장기주택마련저축 등의 비과세상품이 대표적이다. 장기주택마련저축은 기간이 7년 이상으로 장기인 것이 약점이나 신입사원이나 장기에 걸쳐 목돈을 만들려는 사람에게는 매우 유용한 상품이다.

재테크의 기본은 역시 내집 마련이다. 주택은 가능한 한 빨리 마련하는 것이 좋다. 저축을 통해 목돈을 만들어서 내집을 장만할 수도 있고, 부동산 가격 상승이 예상되면 대출을 받아 미리 집을 장만하고 매달 대출금을 상환하는 방법도 있을 수 있다. 아무튼 현재 청약통장에 가입되어 있지 않다면 지금 당장 은행으로 달려가 가입하라. 2030세대의 경우 거주비용을 최소화하는 것이 급선무다. 역설적으로 들릴지 모르지만 부모집에서 부모와 함께 사는 것도 한 방법이다. 이미 집을 마련한 경우에도 미래를 위해 그 집은 전세로 내주고 부모집에 들어와 살면 효도도 하고 돈도 아낄 수 있다.

효과적인 적금가입의 두 가지 요령

첫째, 분산투자는 위험을 최소화하기 위한 수단이다. 적금도 마찬가지다. 자신이 저축할 수 있는 돈을 하나의 통장에 모두 쏟아붓는 것은 어리석은 일이다. 갑자기 돈이 필요할 수도 있고, 좋은 투자 기회를 만날 수도 있기 때문이다.

적금상품의 경우 중도에 해지하면 당초 약정한 이자를 받을 수 없다. 따라서 한 개의 적금상품에 '몰빵'을 하는 것은 금물이다. 1년짜리 단기적금도 통장을 3개 정도로 나누어 가입하는 것이 좋다. 만약 한 달에 50만원을 저축할 수 있다면 20만 원짜리 2개와 10만 원짜리 1개, 이런 식으로 적금을 들라는 것이다. 이렇게 하면 부득이한 사정으로 통장을 해약해야만 할 때 필요금액에 따라 3개의 통장 가운데 1~2개만 해약하면 된다. 해약하지 않은 통장은 만기까지 가져가 약정이자를 모두 챙길 수 있다. 적금을 깨지 못해 담보대출을 받아 대출이자를 내는 손해도 피할 수 있다.

세금을 내지 않는 비과세상품, 세금우대 상품 그리고 일반적금 상품 등에 고루 가입해 통장 수를 여러 개로 쪼개는 방법으로 적금 포트폴리오를 구성해야 한다. 비과세상품은 이자소득세를 내지 않는 대신 장기적으로 납입해야 하기 때문에 돈이 묶일 수 있다. 따라서 저축한도의 약 50%를 비과세상품으로 채우고, 나머지는 1년 단위의 적금상품에 가입해 급전이 필요할 때에 대비하는 것이 바람직하다.

둘째, 가입에도 순서가 있다는 것이다. 적금상품 중에는 돈을 모으면서 주택청약 자격을 부여받는 특수목적 상품이 있다. 따라서 무주택자들은 이러한 특수상품에 우선 가입하는 것이 좋다. 청약저축과 청약부금은 가입한 지 2년이 지나면 주택청약 1순위의 자격을 얻을 수 있다. 이들 상품에 먼저 가입한 뒤 나머지는 비과세·세금우대·일반적금 상품에 가입하는 것이 순서이다.

청약예금 지역별·평형별 예치 금액

청약 가능 면적 (전용면적)	서울·부산	광역시	기타	비 고
85㎡(25.7평) 이하	300만 원	250만 원	200만 원	해당 평형 및 60㎡ 초과 85㎡ 이하 민간건설 중형 국민주택도 청약 가능
102㎡(30.8평) 이하	600만 원	400만 원	300만 원	해당 평형 및 85㎡ 이하 민영주택도 청약 가능(민간건설 중형 국민주택 제외)
102㎡(30.8평) 초과 135㎡(40.8평) 이하	1,000만 원	700만 원	400만 원	해당 평형만 청약 가능
135㎡(40.8평) 초과	1,500만 원	1,000만 원	500만 원	해당 평형만 청약 가능

보장성보험 가입은 필수

과거에는 여유가 있는 사람만 보험에 가입한다고 했지만 잘못된 생각이다. 이제 재테크의 기본은 보험가입이다. 보험 가운데서도 보장성보험 가입은 필수다. 보장성보험의 대명사는 아무래도 종신보험이다. 최근에는 혼수품에 포함될 만큼 엄청난 인기를 누리고 있는 것이 종신보험이다. 비싼 보험료 때문에 부담이 된다면 보험료가 싼 정기보험에 가입하면 된다. 정기보험은 종신토록 보장을 받는 것이 아니라 10~20년 등 정해진 기간 동안만 보장받는다는 점에 유의하자.

사오정(45세 정년)·오륙도(56세까지 있으면 도둑)에 이어 38세도 위험하다는 38선 위협론의 등장으로 인해 사회초년생에게도 새로운 고민거리가 생겼다. 보통 20대 말에서 30대 초반에 직장생활을 하는 것이 보통인데,

사오정·오륙도 시대에 직장생활을 할 수 있는 기간은 대략 15~25년에 불과하다. 사회에 맛을 들이기도 전에 노후생활을 준비해야 한다는 말이다.

사실 그렇다. 30대가 되면 노후자금을 슬슬 준비해야 한다. 빨리 하면 할수록 유리하다. 특히 강조하고 싶은 것은 가능하면 젊을 때 연금저축에 가입하라는 것이다. 30대 초반부터 연금저축에 가입하면 매달 적은 금액을 넣어도 충분히 노후에 대비할 수 있다. 미래를 위해 준비하는 자만이 행복한 노후를 맞이할 자격이 있다.

젊어서는 얌체짓으로 돈 벌어라 *43*

가진 것은 없어도 남이 하는 만큼은 해야겠다는 체면 따위는 이제 버려라.
체면을 중요하게 여기기보다는 젊었을 때는 짠돌이라는 핀잔을 듣더라도
얌체짓을 해야 돈을 번다. 돈 버는 '역발상 얌체짓'을 소개한다.

거래 은행을 수시로 바꿔라

재테크 전문가들의 한결같은 주문은 주거래 은행을 하나 만들어 거래를
집중하라는 것이다. 그런데 갑자기 거래 은행을 수시로 바꾸라니 아닌 밤
중에 홍두깨냐고 항의할 사람이 있을지도 모른다. 그래서 역발상 얌체짓
아닌가!

재테크 마인드가 있는 사람처라 해봤자 은행 간 금리를 비교한 후 정기

예금에 드는 것이 고작이다. 그러나 정말 똑똑한 부자는 어떻게 할까? 그는 은행 간 금리를 비교하는 것은 물론이고, 은행 간(또는 상품 간) 이자 계산 방법의 차이까지 세밀히 따져보고 가입한다. 이자 계산 기간 중에 2월이 들어가면 이자를 월수로 계산하는 은행(또는 해당 상품)에 정기예금을 가입하고, 31일이 많은 달은 일수로 계산하는 은행(상품)을 이용하는 것이다.

예를 하나 들어보자. 2월 1일에 5,000만 원을 연 4.0%의 금리로 3개월짜리 정기예금에 가입하면 그 예금의 만기는 5월 1일이다. 이자를 월 단위로 계산하는 은행(또는 상품)에서는 499,999원(세금공제 전)의 이자를 지급한다(산식=5,000만 원×4%×3÷12). 그러나 일수로 계산하는 은행(또는 상품)의 이자는 487,671원에 불과하다(5,000만 원×4%×89÷365). 이자 금액의 차이는 3개월이라는 짧은 기간에도 불구하고 12,328원에 달한다. 참고로 위의 일수 기준 연 4.0%의 금리를 월수 기준으로 환산하면 연 3.9%에 불과한 것이다.

은행 금고를 빌려라

"밥을 굶은 집에도 훔쳐갈 물건은 있다.", "뛰는 놈(방어의 기술) 위에 나는 놈(도둑) 있다." 굳이 이런 속담을 들추지 않더라도, 아무리 좋은 방범 장치도 도둑이나 강도를 이겨낼 방도가 없는 것이 현실이다. 이때 자신의 귀중한 재산을 보호하는 방법 중의 하나가 은행을 이용하는 것이다.

은행이 돈만 빌려주는 곳이라고? 아니다. 은행은 당신의 재산을 지키는 금고를 빌려주는 업무(대여금고)도 취급하고 있다. 십여만 원 보증금에 연간 1만 원 정도의 수수료를 내면(물론 거래은행이나 금고 크기에 따라 다르고 거래실적에 따라 면제되기도 한다) 수억 원짜리 안전한 개인금고를 갖게 되는 셈이다. 귀중품이 있다면 많은 돈을 들여 아파트 잠금장치를 이중·삼중으로 하는 대신에 지금 당장 은행으로 달려가라. 은행의 대여금고는 텅텅 비어 있으며 이미 당신을 귀중한 손님으로 맞이할 준비를 하고 있다.

총무님, 우리들의 총무님

무려 열한 군데 모임의 '총무' 노릇을 하는 연봉 4,000만 원의 유별난 직장인이 있다. 그가 귀찮음을 마다 않고 그렇게 많은 총무감투를 쓰게 된 데는 그 나름으로 돈 버는 노림수가 있기 때문이다. 그에게는 총무라는 감투를 활용하는 2대 원칙이 있다. 첫째, 회비가 꼬박꼬박 적립된 모임에서만 총무직을 맡는다. 둘째, 회식비는 자신의 체크카드로 지불한다는 것이다.

그가 자신의 체크카드를 사용하는 이유는 뭘까? 연말정산 때 30%의 소득공제를 노리는 사전포석이다. 물론 회식비로 지출된 비용은 다음날 회비통장에서 인출해서 자신의 통장으로 이체하므로 돈을 받지 못할 리스크도 전혀 없다. 금년에 자신의 체크카드로 지급한 회식비만 해도 무려 1,200만 원에 달한다. 연말까지 1,700만 원을 예상하고 있다. 이렇게 되면 체크카드로만 연말정산 때 환급받는 돈이 무려 80여만 원에 달한다.

'특별중도해지'를 노려라

저금리 시대에 이자를 한 푼이라도 더 받는 비결은 절세상품에 가입하는 것이다. 절세상품의 대표격은 장기주택마련저축이다. 그러나 비과세상품의 약점은 세금혜택을 받기 위한 예치기간이 너무 길다는 것.

그러나 거기에도 틈새는 있다. 일반적으로 비과세상품에는 대부분의 사람들이 간과하기 쉬운 세법상 '특별중도해지' 라는 것이 숨어 있다. 이것은 예치기간에 상관없이 일정한 사유가 발생하면 세금을 면제해주는 제도다. 특별중도해지 사유에는 퇴직, 일정기간의 입원 치료나 질병발생 등이 있다. 따라서 부모님 등 퇴직을 몇 년 앞둔 사람의 명의로 비과세 금융상품에 가입한다면 짧은 예치 기간에도 불구하고 완벽한 비과세 혜택을 받을 수 있는 셈이다.

짠돌이가 사는 법

지금 당장 집으로 달려가서 장롱 속을 뒤져라. 그리고 옛날에 가입한 저축상품 중 지금도 추가불입이 가능한 통장이 있는지 확인해보라. 그 때 가입한 적금은 금리가 지금보다 무려 2배 이상 높다. 은행은 손해이지만 고객에게는 이보다 더 좋을 수 없다.

한 가지 더. 물건을 살 때는 안면 몰수하고 가격을 깎아라. 가격을 깎는 방법을 모른다면? 일단 현금과 신용카드를 지갑에 채워넣은 뒤 쇼핑을 한다. 어떤 물건이 맘에 들어 구입하고 싶다면 가게주인 앞에서 신용카드로 결제를 하는 시늉을 하라. 그런 다음 "현금으로는 얼마냐"고 물어보다. 분명 상점 주인은 당신이 원하는 매력적인 가격을 제시할 것이다. 결제수단 (신용카드·현금)에 따라 물건값을 달리 말하는 가맹점은 여신금융업법 위반이지만, 가맹점들은 음지에서 공공연히 그렇게 하고 있다.

대기업에 근무하던 명문대학 출신이 구조조정을 당해 30대 후반에 직장을 잃고 실업자 신세가 된다. 정말 죽고 싶은 심정에서 '자살'이라는 글자를 크게 써서 자신의 방에 붙여놓고 누워 있었다(아마도 거꾸로 누웠던가 보다). 그 글자가 자꾸만 '살자'로 클로즈업 되어 결국 이를 악물고 살기로 작정해 일어섰다는 일화가 있다. 이와같이 반대로 생각하는 역발상이 얼마나 많은 창의적인 아이디어를 끌어내고 성공사례를 남겼는가!

44 절세상품에 몰빵하라

원칙적으로 모든 소득에는 세금이 붙기 마련이다. 국세청은 어른은 물론 코흘리개의 저축에 붙은 이자에서도 16.5%의 세금을 꼬박꼬박 떼어간다. 하지만 비과세 및 세금우대 상품을 이용하면 어느 정도 세금을 피해갈 수 있다.

절세여부, 꼭 따져라

요즈음과 같은 저금리 시대에는 수익률보다는 절세여부가 재테크의 중요한 포인트이다. 따라서 이자를 쫓아가기보다는 세금을 피해 가는 노하우를 익히는 것이 더 훌륭한 재테크 전략이다. 표면 금리가 아무리 높더라도 세금이 많아 실제 손에 쥐는 금액이 적다면 아무 소용이 없다. 비과세상품은 이자소득에 대한 비과세는 기본이고, 일부 상품의 경우 연말정산 때 소득공제 혜택으로 인한 추가수익까지 챙길 수 있어 꾸준하게 인기를 끌고 있다.

그러나 비과세상품은 일반상품과 비교하여 예치기간이 상당히 길다. 가입할 때 자신의 자금 필요 시기와 사용 목적 등을 꼼꼼히 살펴본 후 가입해야 한다. 단순히 만기에 받을 수 있는 금액이 많다고 덥석 가입하다 보면, 급히 자금이 필요할 경우 중도해약에 따른 이자 손해를 볼 수 있기 때문이다.

계단식 저축 전략

비과세 및 세금우대 상품을 이용할 때는 '계단식 저축 전략' 을 짜야 한다. 먼저 이자소득세를 내지 않는 비과세상품에 가입하고, 다음으로 이자소득세를 덜 내는 세금우대 상품을 이용하고, 마지막으로 일반 과세상품을 이용하는 투자전략이다.

여유자금이 있으면 먼저 이자의 높고 낮음을 떠나 절세여부를 따져보고 금융상품을 선택한다. 세금우대 상품은 대개 1인 1통장이지만 가족 이름으로 나누어 가입할 수 있다. 남편과 부인 이름으로 각각 나누어 가입하면 모두 세금우대 혜택을 받을 수 있다는 얘기다. 또 비과세상품은 항상 있는 것이 아니라 정책적으로 시기에 따라 만들어지는 것이므로 새로 만들어지면 우선적으로 가입하는 것이 좋다.

금융지식이 돈이 되는 세상이다. 남이 알지 못하는 틈새상품을 공략해야 재테크에 성공할 수 있다. 누구나 알고 있는 은행의 절세상품만을 쫓아다녀서는 역부족이라는 얘기다. 은행에 없는 절세상품을 찾아야 한다. 예를 들어 신협·새마을금고 등에서 취급하는 2,000만 원까지의 예탁금은 농특세 1.5%만 이자에서 공제하고, 단위 농수협의 농어가목돈마련저축은 세금이 전혀 없다. 만일 가족이나 친척 중에 장기간 외국에 나가 있는 등 세법상 비거주자로 인정받을 수 있는 사람이 있다면 '비거주자 예금'에 가입해서 세금을 아낄 수도 있다.

비과세상품의 왕초, 장기주택마련저축

비과세상품의 대표 선수는 뭐니뭐니해도 장기주택마련저축이다. 장기주택마련저축의 이자소득에는 세금이 한 푼도 붙지 않는다. 그래서 "가장 완전한 탈세는 장기주택마련저축에 가입하는 것"이라고 말하는 사람도 있다. '이 대신 잇몸으로'라는 말처럼, 예금이자가 적다고 탓하기 전에 비과세 장기주택마련저축에 가입하여 국세청으로 들어가는 돈의 출구를 최대한 막아보자.

이 상품의 매력은 비과세 혜택에만 있는 것이 아니다. 연말정산 때 소득공제까지 받을 수 있어, 말 그대로 꿩 먹고 알 먹는 상품이다. 소득공제 금액은 매년 저축액의 40% 범위에서 최고 300만 원까지다. 분기당 300만 원 이내에서는 여러 금융기관에 나누어 가입할 수도 있다.

예금만기는 길게 가져갈수록 유리

장기주택마련저축의 가장 큰 약점이자 강점은 계약기간이 길다는 것이다. 만기가 7년 이상이므로 부담이 되는 것은 사실이지만, 뒤집어 생각하면 그만큼 비과세 혜택이 주어지는 기간도 길어진다는 얘기다. 세법상 이 상품의 만기는 7년 이상이나 최장 기한의 제한은 없다. 여기서 알아두어야 할 것은 이 상품을 취급하는 은행들이 만기를 각기 다르게 운용하고 있다는 점이다. 예금만기를 7년으로 정하면, 7년 만기 후에는 이 상품에 가입할 수 없고, 비과세 혜택도 7년 동안만 주어진다. 반면에 만기를 50년으로 정하면 50년 동안 계속 저축할 수 있고 비과세 및 소득공제 혜택도 장기간 받을 수 있다. 따라서 이왕이면 만기가 7년 보다 긴 장기상품을 취급하는 은행을 이용하는 것이 유리하다.

"기존 상품의 만기인 7년도 긴데, 50년짜리 저축에 들라고 하냐"고 반문할지 모른다. 하지만 기간이 길다고 짜증을 내거나 겁먹을 필요는 없다. 장기주택마련저축은 7년 이상만 들면 중간에 해지를 해도 전혀 손해볼 게 없다. 50년짜리에 가입을 했어도 7년만 넘긴 뒤 개인사정에 따라 해지하면 그만인 것이다.

또한 장기상품이므로 단기상품보다도 금리에 특히 신경을 써야 한다. 은행들의 금리를 비교한 후 금리가 높은 은행에 가입하라. 물론 금리가 높더라도 금리적용 방식에 따라 유불리(有不利)가 생길 수 있으므로 금리적용 조건까지 하나하나 따져야 한다.

은행에 따라 월부금을 자동이체하는 경우 우대금리를 적용하는 경우가 있다. 자동이체까지 해서 불황기에 금리 하나라도 더 챙기도록 하자. 은행

간 적용 금리나 조건은 은행연합회 홈페이지(www.kfb.or.kr)에 들어가면
금방 확인할 수 있다.

종자돈 만드는 데 최고

또한 처음 계좌를 틀 때 1만 원만 넣으면 추가 불입을 전혀 하지 않아도 50
년동안 통장의 '효력'이 유지된다. 따라서 장롱 속에 푹 묻어놓았다가 필
요할 때 되살리면 되는 것이다. 장기주택마련저축은 내집 마련, 노후대비,
자녀교육용 따위로 다양하게 활용할 수 있다. 그렇다면 30년이나 50년짜
리 초장기 장기주택마련저축을 어떻게 활용할 수 있는지 구체적으로 알아
보자.

가장 좋은 방법은 한 사람 명의로 3~4개의 계좌를 만들어놓는 것이다.
1번 통장은 내집 마련 용도로, 나머지 2번, 3번 통장은 장롱 속에 내버려둔
다. 장기주택마련저축의 비과세 혜택을 받으려면 분기당 300만 원까지 가
입하면 되나, 소득공제는 연간 불입액의 40%(최고 300만 원)까지만 받을 수
있다. 따라서 비과세와 소득공제 혜택을 동시에 받으려면 한달에 62만5천
원 꼴로 넣으면 된다. 일정 기간 후 2번 통장의 종자돈으로 대출을 끼어 내
집을 마련한 후, 먼지가 묻어 있던 2번 통장을 꺼내 불입한다. 최초 가입후
7년만 지나면 비과세 혜택을 누릴 수 있는데, 장롱 속에 묻어둔 기간도 함께
포함되므로 훨씬 유리하다. 2번 통장은 자녀가 대학에 들어갈 때쯤 자녀 학
자금으로 쓰면 된다. 그 다음에는 다시 3번 통장에 집중적으로 돈을 부어
노후를 대비한다.

물론 통장을 수십 개 만들어 비과세 기간인 7년이 지난 뒤에 1년이나 3년짜리 적금으로 계속 활용해나갈 수도 있을 것이다. 그러나 계좌수가 너무 많으면 관리하기가 번거로워지는 약점이 있다.

가입대상이 무주택자 또는 전용 면적 25.7평 이하 1주택 소유자로 제한(2004년부터는 이 조건에 추가하여 세대주로 가입대상을 추가제한)되어 있으므로, 만일 이 조건에서 벗어난다면 가입자격이 있는 가족이나 친족 명의로 계좌를 만드는 우회적인 방법을 찾아보자.

마지막으로 한 가지 주의할 것이 있다. 장기주택마련저축은 은행마다 상품을 새롭게 포장하여 판매하고 있어 이름이 제각기 다르다. 반드시 장기주택마련상품인지 여부를 확인한 후 가입하라. 이 상품의 명칭만 보고 판단

주요 절세상품

구　분	가입 한도	세　율
장기주택마련저축 (펀드)	분기당 300만 원	비과세 소득공제:연간납입액의 40%(최고 300만 원)
생계형저축	2,000만 원	비과세 하루 예치 때도 비과세
신협 · 단위 농수협 · 새마을금고의 예탁금	2,000만 원	세율 1.5%
연금저축	분기당 300만 원	세율 5.5% 소득공제:연간납입액의 100%(최고 240만 원)
세금우대 상품	4,000만 원 (미성년 1,500만 원, 55세(남자 60세) 이상 6,000만 원)	세율 10.5%

하면 주택대출 상품으로 오해하기 쉽다. 그러나 주택마련 대출상품의 개념보다는 종자돈 만드는 상품으로 인식하는 것이 좋다. 집을 구입할 때 굳이 이 저축을 이용할 필요가 없기 때문이다. 지금과 같은 '대출 세일' 시대에는 얼마든지 주택자금 대출이 가능하다.

주식 · 채권에도 관심을 가져라

저금리 시대라고 해서 금융상품으로 돈 버는 시대는 끝났다고 성급하게 결론짓지는 마라. 금융상품에는 은행의 정기예금만 있는 것이 아니다. 따지고 보면 주식이나 채권도 금융상품이다. 저금리 시대라고 해서 주가의 상하한가폭이 전일종가의 15%에서 5%로 바뀌지는 않았다. 금융상품으로도 고수익을 올릴 수 있는 틈새는 자신의 노력에 달렸다.

또한 은행 정기예금 위주의 저축은 지양하는 것이 좋다. 한국과 일본의 가계 금융자산에서 예금의 비중은 미국 · 유럽 국가보다 훨씬 높다. 예금금리가 높은 시절에 은행 저축은 수익률 높은 훌륭한 투자수단이었다. 하지만 세계적으로 저금리가 추세로 굳어진 요즘에 이 같은 소극적 자산배분은 바람직하지 않다. 예금 이외에 주식 · 채권 · 부동산 등 위험 자산에도 투자를 해서 기대 수익을 높이는 것이 좋다는 말이다. 경제적으로 안정적인 노후 생활을 하려면 그저 열심히 벌고 저축만 하는 것만으로는 부족하고 한 걸음 더 나아가 요령 있게 돈을 불려나가야 하기 때문이다.

또한 변동성이 많은 시기의 금융자산 운용은 그 기간을 짧게 가져가는 좋다. 따라서 운용기간이 짧으면서도 상대적으로 고수익을 보장하는 상품이 있다면 그것을 활용 대상 0순위로 꼽아야 할 것이다. 금융 시장에서 눈을 떼지 않고 늘 시장 정보에 촉각을 곤두세우는 적극성만이 초저금리 시대를 이겨낼 수 있는 최선의 자기방어일 것이다.

2030세대를 위한 절약

1_불법 사금융의 유혹을 이겨내라.

2_차부터 팔고 대중교통을 이용하라.

3_휴대전화는 받을 때만 쓰고 공중전화를 이용하라.

4_커피나 담배 등 일상적인 소비부터 줄여라.

5_되도록 외식하지 말라.

6_필요한 물건은 중고 시장과 재활용 센터에서 구입하라.

7_자기 자신에 대한 투자에는 인색하지 말라.

8_기분파가 되지 말고 인색파가 되라.

---

45 카드, 잘 쓰고 잘 지키는 법

플라스틱 카드 사용과 전자 거래가 편리한 것은 틀림없지만 뜻하지 않게 거래정보가 노출되어 큰 낭패를 볼 위험도 그만큼 크다. 내 재산의 안전은 남이 아니라 나 자신만이 지킬 수 있다. 전자금융 시대의 안전수칙을 알아 보자.

비밀번호는 수시로 바꿔라

비밀번호는 수시로 바꾸는 것이 좋다. 대부분의 예금자는 통장을 만들 때 신청한 비밀번호를 몇 년씩 또는 일생 동안 사용하는 경우가 많은데 이는 매우 위험하다. 오늘날의 금융거래 내지 상거래는 대부분 현금카드, 신용 카드, 직불카드, 백화점카드 등 플라스틱 머니로 이루어진다. 이들 카드는 편리한 반면 비밀번호 등 고객의 정보가 유출될 우려가 많다. 당연히 이런 약점을 노린 범죄 역시 늘어나는 추세이다. 예금을 안전하기 지키는 최선의 방법은 비밀번호를 수시로 변경하는 것이다.

비밀번호 관리는 언제 일어날지 모르는 사고에 대비한 '보험'으로 인식해야 한다. 어지간한 경제 행위가 비밀번호 사용으로 이루어지는 정보화 사회에서 개인정보보호의 중요성은 아무리 강조해도 지나치지 않기 때문이다.

비밀번호는 주민등록번호, 전화번호, 연이은 숫자, 동일 숫자 등 다른 사람이 쉽게 추정할 수 있는 번호를 피해야 하며, 통장에 비밀번호를 기재하는 등의 행위는 절대 하지 않도록 한다. 대부분의 금융기관은 고객보호를 위해 이러한 번호를 비밀번호로 사용하지 못하도록 안내하고 있다.

은행 거래는 직접 하라

직장동료 또는 가까운 사람에게 비밀번호를 알려주면서 예금인출을 부탁한 경험이 누구나 한두 번은 있을 것이다. 그런데 최근 발생한 금융사고의 유형을 보면 대부분 직장동료나 지인 등 주변 인물들에 의해 부정인출된 경우가 많다. 외국에서는 부부 간에도 예금인출을 부탁하지 않으며 반드시 자기가 직접 돈을 찾는다. 물론 서명거래가 일반화된 탓도 있지만 개인정보를 노출하면서까지 남에게 부탁하지 않는 것이 그들의 생활방식이다.

미래의 소득을 카드사에 저당 잡히는 신용카드

신용카드는 충동구매를 유발한다. 그렇다고 주머니에 현금을 넣고 다니는 것은 분실위험이 있어 불안하다. 이러한 고민을 한 방에 해결하기 위해 탄생한 카드가 다름 아닌 체크카드이다. 신용카드가 당장 돈이 없어도 우선 외상으로 물건을 사고 나중에 돈을 갚는 '빚지는 외상 카드' 인 데 비해, 체크카드는 자신의 통장에 들어 있는 돈으로 물건 구입과 서비스를 받을 수 있는, 말하자면 자기가 현재 갖고 돈을 써야 하는 카드다.

체크카드는 신용카드와 모양이 똑같고 신용카드나 수표처럼 언제 어디서나 이용이 가능하다. 새로운 개념의 직불카드라고 보면 된다. 즉, 기존의 직불카드가 직불카드 가맹점에서만 사용이 가능하다는 문제점을 개선한 신종 카드인 셈이다. 체크카드는 신용카드처럼 전국의 신용카드 가맹점 어디에서나 사용할 수 있어 편리하다. 연회비가 없는 경우가 대부분이고, 18세 이상이면 누구에게나 카드 발급이 가능하다.

체크카드로 빚 없는 인생

'부자' 라는 말이 책의 출판에서 광고에 이르기까지 시중의 화두로 등장한 지 오래되었다. 이에 더해 신용불량 시대의 현명한 대처법으로 '빚 없이 살자' 라는 새로운 유행어가 떠오르고 있다.

빚 없는 인생을 살 수 있는 방법은 과연 무엇일까? 신용카드 대신에 체크카드를 쓰는 일이 하나의 대안이 될 수 있다. 금년 들어 체크카드 발급 매수가 급증하고 있는 것만 보아도 현명한 사람은 벌써 그 비결을 찾았다는 증거다. 빚지는 인생의 지름길은 과도한 신용카드 사용이다. 신용카드 사용은 내 수중에 들어올 소득을 신용카드 회사에 넘기는 행위이다. 미래의 수입을 카드사에 저당잡히는 것이나 다름없는 것이다. 이제 내가 가지고 있는 현금만큼만 쓰고 미래의 수입을 앞당겨 쓰는 빚쟁이가 되지 말자. 현금만 쓰는 카드가 바로 체크카드인 셈이다.

소득공제를 노려라

요즈음과 같이 저금리로 인해 손에 들어오는 예금이자가 적을 때에는 비과세나 세금우대상품에 가입하여 세금 한 푼이라도 아끼는 것이 상책이다. 마찬가지로 불황 시대에는 근로소득에서 떨어져나가는 세금을 최소화하는 절세 전략이 무엇보다 중요하다. 이러한 점에서 체크카드는 꿩 먹고 알 먹을 수 있는 재테크 수단이라 하겠다.

체크카드는 무분별한 과소비를 줄여주고, 연말에는 보너스를 듬뿍 챙길 수 있는 절세수단이다. 체크카드를 이용하면 연말정산 때 소득공제를 30%(내년부터는 20%) 받을 수 있다(연소득의 10%를 초과하는 금액의 30% 이내에서 최고 500만 원까지).

다양한 부대 서비스를 즐겨라

체크카드의 매력은 또 있다. 카드회사들은 신용카드 연체율이 높아지자 그 대안으로 체크카드를 경쟁적으로 출시하고 다양한 서비스를 통해 고객들을 유인하고 있다. 포인트 적립(캐시백 서비스), 주유할인, 놀이공원 무료입장 등이 그것이다. 따라서 카드를 덥석 만들기보다는 카드사들이 내놓은 상품을 하나하나 따져보고 자신에게 유리한 카드를 만들도록 한다.

제일은행의 '퍼스트 플러스 카드'는 평생연회비가 면제되고, 이용액의 0.6% 상당액을 OK캐시백으로 적립해준다. 또한 카드에 따라서는 마일리지로도 적립이 가능하며, 놀이공원 서비스 등도 제공한다. 외환카드가 선보이고 있는 '예스 머니 카드'도 포인트 적립과 무료 교통상해보험 가입, 주유할인 등의 혜택이 있다. 우리카드의 '우리 모아 플러스 카드'는 처음 가입할 때 스파게띠아 무료 식사권을 제공한다. 주유 할인·미용실 할인 등의 혜택도 있다.

외상이면 소도 잡아먹는다는 속담이 있듯이 우리나라 사람들은 외상을 무척 좋아한다. 물론 그 덕분에 신용카드 회사들이 한때에는 잘나가던 시대가 있었지만 말이다. 한번 생각해보자. 많은 월급쟁이들이 자신의 입출금통장에 생활비를 넣어두고 신용카드를 쓰고 있다. 이론적으로는, 신용카드를 사용하면 다음달 결제할 때까지 월급통장에 남아 있는 돈에는 이자가 붙는다. 그러나 그 이자율이라는 것이 대부분 0%대 금리여서 이자가 사실상 없는 것이나 마찬가지이다. 이제 더 이상 신용카드 사용에 대한 미련을 버리고 과소비를 막고 소득공제도 유리한 체크카드를 활용하도록 하자.

어느 술집에 이런 표어가 붙어 있다. "오늘은 현금, 내일은 외상." 이 메시지를 외상을 주지 않는 술집 주인의 야박함이라고 생각하지 말라. 당신에게 빚 없이 살라고, 체크카드를 사용하라는 교훈을 일깨워주는 고마운 사람이라고 해석하라.

체크카드와 신용카드 비교

구 분	체크카드	신용카드
신용 공여	불가(일부가능)	가능
사용 가능 가맹점	신용카드 가맹점	신용카드 가맹점
가맹점 수	300만 개	300만 개
사용 시간	24시간(2004년부터)	24시간
할부 및 현금서비스	불가	가능
연체 가능성	없음	있음
연회비	없음	있음
대금 정산 시기	카드 사용시점	결제일
소득공제 폭	기준액의 30%(2004년부터 20%)	기준액의 20%

46 주가지수 연계 상품 ABC

한 푼의 이자도 아쉬운 '실질금리 제로 시대'에 안정성과 고수익을 동시에 노릴 수 있는 금융상품이 있으면 얼마나 좋을까? 주식투자는 원금 손실 가능성이 높고, 그렇다고 은행에 맡기자니 이자율이 형편없고.

이러한 시장 트렌드에 맞추어 개발된 신종 금융상품이 다름 아닌 주가지수 연계 상품이다. 은행권의 주가지수연동예금(ELD), 증권사의 주가연계증권(ELS), 투신권의 주가연계증권펀드(ELS펀드)가 바로 그것들이다. 그렇지만 이런 상품들도 아무 생각 없이 그냥 들면 SK글로벌 사태 때의 MMF처럼 큰코 다칠 수 있다. 주가지수 연계 상품의 투자 ABC를 알아두자.

주가지수연동 정기예금(ELD), 중도해지하면 원금손실

주가지수와 연계하여 정기예금 이자율이 결정되는 상품이다. 만기에 원금 보장은 물론이고 주가 변동에 따라서는 두 자리 수 이상의 높은 수익을 얻을 수도 있다. 낮은 예금금리에 불만이거나 주식투자에 따른 원금 손실을 염려하는 사람들에게는 안성맞춤이다.

그러나 짚고 넘어가야 할 것이 몇 가지 있다. 이 상품은 1년제 예금으로, 중도해지할 때는 주가상승률과 관계없이 무조건 원금 손실을 보게 된다(일부 은행상품은 예외). 따라서 반드시 여유자금으로 투자해야 한다. 일반 정기예금의 경우 중도해지 때도 원금이 그대로 보장되는 대신에 페널티로 약정이자율보다 낮은 이자율을 적용하지만, 이 상품은 원금마저 손해볼 수 있다는 뜻이다.

또한 은행이 제시하는 만기의 주가지수가 도달 가능한 수준인지 아닌지를 면밀히 검토해야 한다. 같은 주가지수 연동 정기예금이라도 은행마다 상품이 다르기 때문이다. 따라서 최고수익률을 제시한 상품을 맹목적으로 선택하기보다는 주가지수 상승률이 실현 가능성이 있는지를 체크해야 한다.

증권·투신권의 ELS·ELS펀드

ELS는 채권과 마찬가지로 만기에 미리 약속한 수익을 제공하는 일종의 유가증권이다. 다만 채권으로 얻을 수 있는 만기금리가 고정된 반면 ELS는 만기까지의 주가 움직임에 따라 수익률이 달라진다는 점이 다르다. ELS는 증권사가 판매하지만, ELS펀드는 투신운용사가 개발과 운용을 맡되 증권사를 통해서만 판매된다.

투자할 때 점검할 사항으로는, ELS펀드의 경우 펀드상품이므로 원금보장이 안 될 수도 있다는 점이다. ELS펀드는 ELS와 거의 유사하지만 원금보장과 약속된 수익률 지급에서는 차이가 있다. ELS는 증권사가 원금의 일정 수준을 무조건 보장한다. 예를 들어 원금의 100%를 약속하면 전액을, 95%를 약속하면 어떤 일이 있어도 그 금액만큼은 지급한다. 반면 ELS펀드는 원금을 까먹지 않도록 상품 설계를 하기는 하지만 원금 손실 가능성이 있다. 그래서 ELS펀드의 경우 '원금보장' 이라는 표현을 쓰지 못하고 '원금보존' 혹은 '원금보존 추구' 라는 말을 사용한다.

원금 보호 측면에서는 증권사의 ELS가 유리하지만 ELS에도 환매의 약점이 있다. ELS는 원칙적으로 중도환매가 불가능하다. 물론 증권사의 재매입과 거래소 상장 등을 추진하고 있어 환금성을 보완해가고 있으나, 아무튼 환매에 제약이 있으므로 반드시 여유자금으로 투자해야 실수가 없다.

ELS는 증권사가 실시하는 공모에 청약하는 방식인 반면 ELS펀드는 수익증권 마찬가지로 모집기간 안에 가입하면 된다. 따라서 ELS는 공모주 청약과 마찬가지로 공모금액이 미리 정해져 있어 청약 경쟁률에 따라 배정 물량이 결정된다는 약점이 있다.

마지막으로 짚고 넘어가야 할 것이 하나 더 있는데, 거래 금융기관이 파산했을 때 정부가 투자자를 보호해주느냐 하는 것이다. 은행권의 주가지수 연동예금은 1인당 5,000만 원까지 정부의 보호대상이지만 ELS나 ELS펀드는 보호대상이 아니다.

주가지수 연계 상품

구 분	주가지수 연동 정기예금(ELD)	주가연계 증권 (ELS)	주가연계 증권펀드 (ELS펀드)
취급 기관	은행	증권사	모든 증권사 (상품 개발·운용은 투신운용사)
가입 방식	정기예금 가입	일반공모에 청약	펀드 가입
원금 보장	만기예치하면 원금 전액보장	사전에 약속한 금액 만큼 보장	채권 운용성과 등에 따라 원금보장 일부 불확실
수익률	주가지수에 따라 약정한 수익률 지급	주가지수에 따라 약정한 수익률 지급	운용 성과에 따라 달라짐
중도 해지	가능 (단, 원금 손실 가능성 높음)	불가 (증권사에 재매입을 요구하거나 거래소 상장 등으로 환금성이 일부 있음)	가능 (환매수수료 부담)
정부의 예금 보호대상 여부	보호 (원리금 5천만 원 이내)	보호대상외	보호대상외

47 목돈 필요없는 적금식 주식투자

목돈이 있어야 주식에 투자할 수 있다고 생각하는 사람이 많다. 특히 개미투자자들은 몇 년 동안 애써 모은 목돈으로 한번에 과감한 승부를 거는 경향이 많다. 주가가 오르면 다행이지만 급락할 경우에는 다시 목돈을 마련하느라 또다시 몇 년을 고생해야 한다. 이처럼 주식은 고수익을 안겨주는 대신 많은 변동성과 위험성을 내포하고 있다. 주식투자의 이러한 마이너스 요인을 막아내면서 소액으로도 투자할 수 있는 방법이 있다. 바로 적금식투자이다.

적금식투자 상품은 은행권의 적금과 비슷한 것으로 이해하면 된다. 매월 일정 금액을 일정한 날에 적립하는 적금과 같이, 적금식투자 상품은 매월 정기적으로 일정 금액만큼의 펀드(주식 또는 채권)에 투자하는 것이다. 이렇게 적립식분할 투자의 기본원리는 주가가 낮을 때 더 많은 주식을 사고 주가가 높을 때 상대적으로 주식을 적게 사는 것인데, 시간이 지날수록 주식의 평균 매수단가가 평균주가보다 낮아지게 된다.

적금식 주식투자법

적금식투자법은 싸게 살 수 있는 기회를 찾느라 시간을 허비하기보다 지금 바로 투자하는 것이 더 중요하다. 장기적으로 보았을 때 주식 시장이 상승하든 하락하든 주가는 큰 차이가 없이 일정 정도의 평균을 형성한다는 논리에 근거를 두고 있다. 또한 적금식 분할투자는 주가보다는 늘어나는 주식 수에 초점을 두며, 꾸준한 투자를 요구하는데, 장기로 할 경우 더욱 효과적이기 때문이다. 주식 시장이 장기간 하락하더라도 꾸준히 정기적으로 정해진 금액을 투자해야 효과가 발휘된다는 뜻이다.

적금식투자의 매력포인트

그렇다면 적금식투자법의 강점은 뭘까?

첫째, 소액으로 여러 종목에 분산투자가 가능하여 보유한 유가증권의 가격하락에 따른 위험을 최소화할 수 있다. 적금식투자는 종목의 분산 및 투자시점의 분산, 두 가지 투자 방식을 결합시킨 것이다. 즉, "계란을 한 바구니에 담지 말고 따로따로 담으라"는 투자 격언을 철저하게 지키는 투자 방법이다.

한 번에 자금을 모두 투자하면 주식의 등락에 따라 평가 금액이 크게 변동하게 된다. 하지만 적금식 분할매수의 경우에는 상대적으로 주가의 움직임에 따른 변동 폭이 작아지게 된다. 그러므로 주식과 같이 가격 변동폭이 큰 상품에 장기투자할 때 적합한 투자 방법이 될 수 있다. 적립식 분할매수는 주식 이외의 다른 상품에도 활용할 수 있다. 채권투자에도 적용할 수 있고 수익증권이나 뮤추얼펀드에 투자할 경우도 이 방법을 이용할 수 있다.

두 번째 장점은 은행 적금과 유사한 방식으로 당장 큰돈을 들이지 않고도 꾸준한 투자를 통해 미래 목돈을 마련할 수 있다는 점이다. 종자돈을 만들 때까지 주식투자를 기다리는 것이 아니라 소액으로 주식투자를 통해 목돈을 만들 수 있는 투자 방법이다.

끝으로 매월 일정액을 정기적으로 투자함으로써 위험을 줄이는 대신에 안정적인 수익을 기대할 수 있다. 적립식상품을 선택할 때는 우선적으로 세제 혜택을 받는 상품을 택해야 한다. 주가지수와 연계되는 인덱스펀드 등에 가입하여 분할 매입하는 경우, 수수료 일부를 먼저 떼지만 중도환매를 해도 페널티가 없는 '판매 수수료 선취형 펀드'를 고르는 것이 장기적인 투자자들에게 유리하다.

적금식 분할매수는 고수익을 목적으로 한 주식투자가 아니다. 따라서 주식투자로 한몫 잡겠다는 투자자에게는 적합하지 않은 상품이다. 그러나 꾸준한 투자로 지속적인 수익을 얻으려 하거나 목돈이 없는 투자자에게는 적합한 투자방법이 될 수 있을 것이다. 즉, 2030세대에게 맞는 재테크라 하겠다.

조상의 숨겨진 돈 찾는 법 *48*

어느 날 갑자기 무덤에 누워 있는 조상이 당신에게 엄청난 돈을 안겨준다? 이런 행운은 누구에게나 닥칠 수 있는 일이다. 대기업에 근무하다 최근 실직한 40대 가장이 금융감독원의 금융거래조회서비스를 이용하여 심장마비로 갑자기 돌아가신 아버지의 거액 예금을 찾았다. 서울시의 '조상 땅 찾아주는 서비스'를 통해 횡재한 가정주부도 있다. 증조할아버지의 금싸라기 땅을 찾은 것이다.

사람은 누구나 죽기 마련이다. 그렇다고 이승을 떠나면서 재산까지 가지고 떠나는 것은 아니다. 그 유산은 세금을 제외하고 고스란히 상속인 몫이 된다. 따라서 상속이 개시되면 우선 피상속인(사망인)의 재산을 확인하는 것이 무엇보다 중요하다. 죽은 사람은 말이 없기 때문이다.

그러나 피상속인의 재산 모두를 찾아낸다는 것이 그리 손쉬운 일은 아니다. 피상속인이 자신이 소유한 모든 재산에 대한 목록을 생전에 만들어놓고 자녀들에게 유산을 배분하는 등 '준비된 죽음'을 맞이하였다면 물론 예외이겠지만, 대부분의 죽음은 예고없이 찾아오는 법이다. 피상속인의 금융자산이나 부동산을 찾을 수 있는 방법을 알아보자.

피상속인(사망자)의 예금 등 금융자산 찾아내기

본인이 상속인임을 확인하는 서류 등을 가지고 금융감독원 또는 은행연합회 등 각 금융기관의 협회를 직접 방문하여 신청하면 피상속인 명의의 모든 금융자산을 쉽게 확인할 수 있다. 금융감독원이 상속인들로부터 신청서를 접수한 뒤 각 금융기관협회를 거쳐 개별 금융기관에 이송하면 은행 등 개별 금융기관은 피상속인의 금융거래 여부를 조회하여 계좌가 있는 경우 신청인 앞으로 즉시 통보한다. 계좌가 없을 경우에는 각 금융협회에

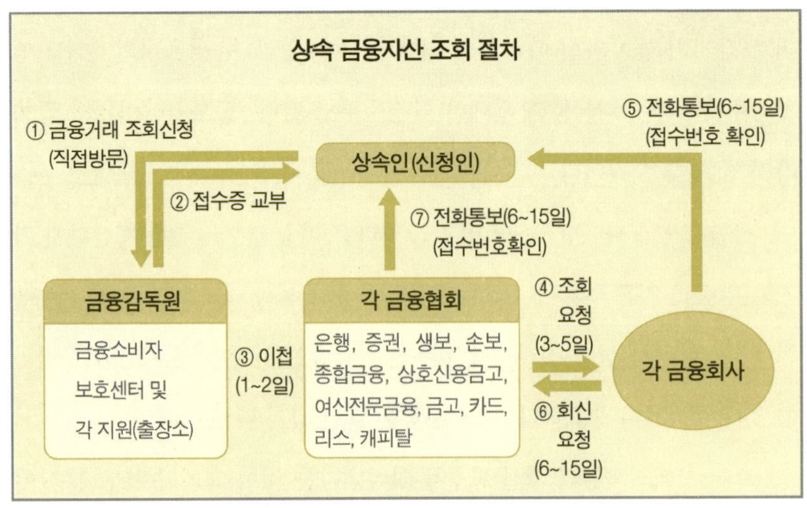

서 일괄 취합하여 통보한다. 처리 기간은 3일에서 길어야 15일이다.

여기서 알아둘 점은 개별 금융기관이나 금융협회보다는 금융감독원(소비자보호센터)을 이용하라는 것이다. 정보 제공의 범위가 다르기 때문이다. 예를 들어 A은행에 신청하면 피상속인의 A은행 거래 정보만을 제공받는다. 은행연합회에 신청하면 정보 범위가 넓어지기는 하지만 은행거래 정보만을 알 수 있을 뿐이다. 그러나 금융감독원에 요청하면 은행·증권·보험·종금·신용금고·여신전문금융회사 등 모든 금융거래 정보를 제공받을 수 있다.

조상의 땅 찾아내기

조상 땅을 찾는 일도 그리 어려운 일이 아니다. 서울특별시 등 지자체에서 실시하고 있는 '조상 땅 찾아주기 서비스'를 활용하면 되기 때문이다. 호적·제적등본을 지참하고 시청이나 구청의 지적과를 방문하여 신청하면 된다. 신청 자격은 상속인이다. 지자체에서는 지적전산망을 이용하여 조상의 개인별 토지소유 현황을 조회해 알려준다. 서울시 등 광역지자체에서 도입한 후 시민들의 인기를 끌자, 지금은 모든 지자체가 서비스를 제공하고 있다.

조상의 주민등록번호를 알고 있으면 전국에 걸친 땅 소유 현황을 파악할 수 있고, 주민등록번호를 모르면 신청 지역 광역시·도의 소유 현황만 알 수 있다. 어떤 사람이 주민등록번호를 모르는 조상의 땅을 알아보기 위해 서울시에 신청하면, 조상이 서울 지역에 갖고 있는 토지에 대한 정보만

을 얻을 수 있다는 뜻이다. 처리 기간은 신청 즉시이지만, 이름만 알고 있는

경우 7일 정도 소요된다. 금융자산을 찾을 때와 마찬가지로 수수료는 없다.

조상의 재산을 찾기 위한 신청 서류 및 정보 제공 범위

구분	신청서류	정보 제공범위	문의
금융 자산	• 피상속인의 제적등본 • 신청인(상속인)의 신분증 • 위임 시는 상속인 등의 　인감증명서 및 위임장	피상속인 명의의 모든 금융정보 (예금 · 대출 · 보증 · 증권계좌 · 보험 · 신용카드 · 가계당좌 등)	금융감독원 소비자보호센터 민원상담팀 02- 3786-8671 02- 3771-5686
땅	• 피상속인의 제적등본 　및 호적등본 • 신청인의 신분증	피상속인의 전국 토지소유 현황 (피상속인의 주민등록번호가 없으면 신청 지역 광역시 · 도의 토지 소유 현황만 파악 가능)	서울특별시 지적과 02-3707-8059(60)

주택청약 상식, 알고 보면 쉽다 *49*

집값이 오르건 내리건 간에 내집 마련은 서민들의 소박한 꿈이다. 내집을 갖는 방법에는 여러 가지가 있을 수 있다. 기존의 주택을 구입하거나 재건축 아파트 또는 재개발지역 입주권을 사는 방법, 분양권을 매입해 아파트키를 손에 쥐는 방법, 운 좋게도 부모를 잘 만나 부모로부터 상속이나 증여받는 방법 등. 그러나 내집 마련의 지름길은 뭐니뭐니해도 주택청약통장을 활용하는 것이다.

청약통장의 몸값이 치솟고 있다. 정부의 10.29 부동산대책으로 청약통장의 활용도가 그만큼 높아졌기 때문이다. 물론 청약통장도 1순위자가 크게 늘어나 경쟁률이 높아지고, 분양가도 급등하였지만 아직까지도 청약통장이 서민들의 내집 마련에 가장 유효한 수단인 것은 누구도 부인할 수 없는 사실이다. 주택청약통장을 제대로 활용하여 내집 마련의 기회를 잡아보자.

무주택자 우선공급제도를 적극 활용하라

10.29 부동산대책으로 가장 득을 본 청약예금 가입자는 5년 이상 무주택자로 만 35세 이상인 세대주다. 이들에게는 전용면적 25.7평 이하 아파트 75%에 대한 추첨 우선권을 가진다(1차 추첨). 여기서 탈락하더라도 일반 1순위자와 함께 또 한번 추첨하는 기회가 주어진다.

서울 지역을 기준으로, 25.7평 이하 아파트를 청약하려면 청약예금 가입 금액이 600만 원 이하여야 한다. 따라서 무주택자 우선 공급 자격이 있는 사람이 1,000만 원 또는 1,500만 원 통장을 갖고 있다면 오히려 손해를 볼 수 있다. 굳이 큰 평수를 고집하지 않고 하루 빨리 내집을 마련하고자 한다면 300만 원 또는 600만 원 청약예금으로 평형 변경을 하는 것이 좋다

통장금액과 청약자격, 지역마다 다르다

서울 지역 300만 원짜리 통장 소유자가 용인으로 이사하는 경우 그 통장의 효력은 어떻게 될까? 참고로, 용인 지역에서는 200만 원짜리 통장으로 전용 면적 25.7평 이하 아파트를 신청할 수 있다. 그렇다면 서울 지역 300만 원 통장으로 용인 지역의 300만 원짜리가 청약이 가능한 25.7평 초과 30.8평 이하 아파트에 청약할 수 있지 않을까? 하지만 그렇지 않다. 용인에서도 25.7평 이하 아파트만 신청할 수 있다. 예금 액수는 다르더라도 청약 자격은 동일한 것이다. 만약 25.7평 초과 30.8평 이하 아파트를 분양받고 싶다면 1순위가 되는 시점에서 청약예금 평형 변경절차를 밟아 1년을 더 기다려야 한다.

청약부금 꼬박꼬박 넣어야 제때에 1순위 된다

청약예금과 달리 청약부금은 가입한 지 2년이 지나도 3순위자로 남는 경우가 있다. 청약부금 1순위자 자격은 가입기간 2년 이상, 예치금액 300만 원 이상(서울 기준)일 때 주어진다. 따라서 오래전에 가입해 놓고서도 예치금을 늘리지 않는다면 1·2순위자가 될 수 없다. 또한 월부금을 매월 정해진 날에 납입하지 않으면 순위가 늦추어지는 불이익을 받을 수 있다. 빠른 가입도 중요하지만 평소의 납입 관리가 더욱 중요하다.

주택소유자도 청약이 가능하다

'주택을 한 채 이상 소유하고 있다면 주택을 분양받을 수 없다' 는 잘못된 생각을 갖고 있는 사람들이 많다. 그러나 주택 소유자라 하더라도 국민주택이 아니라면, 즉 민영주택 또는 민간건설 중형 국민주택이라면 주택 소유 여부와 관계없이 분양받을 수 있다. 물론 이 경우에 투기 과열 지구내에서는 최근 5년간 신규 아파트의 청약 당첨자(재개발이나 재건축 등으로 당첨자로 관리되는 경우 포함)이거나 입주자 모집 공고일 현재 2주택 이상 보유한 세대는 청약 1순위에서 제외된다.

당첨확률 높이는 방법

민영주택(민간건설 중형 국민주택 포함)은 공급 기준이 1인 1주택이다. 서울의 경우 한 사람이 동시에 여러 아파트에 신청하는 2중청약이 금지되어 있으며, 2중청약을 하면 접수 자체를 무효처리한다. 그렇지만 2중 청약 여부는 어디까지나 청약자 본인을 기준으로 판단한다. 따라서 만약 20세 이상의 가족이 청약예금(부금)에 가입해 청약 순위를 얻었다면 같은 아파트에 각각의 명의로 신청해 당첨 확률을 높일 수 있다.

당첨 후 계약을 포기하면 청약자격이 박탈된다

1 · 2순위 자격으로 주택을 분양 받은 뒤 계약을 하지 않으면 청약통장 효력이 사라진다. 어렵사리 당첨이 되더라도 분양가, 입지, 입주 시기 등이 맞지 않아 부득이 계약을 포기하는 경우가 생길 수 있다. 이는 아까운 청약통장을 잃는 결과를 가져온다. 이런 사태를 방지하기 위해서는 모집 공고문을 잘 읽고 견본주택을 직접 방문하는 등 사전에 여러 조건들을 꼼꼼히 따진 뒤 청약을 결정해야 한다.

청약통장의 메리트가 줄어들수록 그것을 제대로 활용하는 방법을 알아야 득이 된다. 그렇지 않으면 엄청난 경쟁률을 뚫고 당첨되기도 어렵고, 당첨되더라도 기존 주택을 구입하는 것보다 큰 이익을 보지 못한 채 그동안 자식처럼 키워왔던 청약통장만 못쓰게 되는 결과를 가져올 수 있기 때문이다.

따라서 청약 1순위 자격이 주어지더라도 무조건 청약하기보다는 "기다리는 것도 투자"라는 격언을 음미하면서 한번쯤 여유를 가지고 지켜볼 필요가 있다. 즉, 무조건 경쟁률이 낮은 아파트를 골라서 자주 청약하기보다, 무주택우선 분양자격이 될 때까지 일정 기간 기다렸다가 자기에게 유리한

아파트만을 골라 청약하는 것이 시간은 좀 걸리더라도 오히려 현명한 방법

일 수 있다는 얘기다.

50 마이홈의 꿈, 모기지론

최근 몇 년 동안 부동산값이 급등하자, 목돈을 만들어 부동산을 구입하던 장기 승부 패턴에서 탈피하여 지금은 종자돈이 거의 없이도 거액의 은행 대출로 먼저 집을 사고, 그 대출금을 장기간에 갚아 나가는 단기 승부, 이른바 선진국형 금융 이용이 크게 늘고 있는 실정이다. 특히 정부가 내년에 도입할 예정인 '모기지론(mortgage loan)'을 잘 활용하면 마이홈 작전은 더욱 빨라질 것으로 예상된다.

모기지론이란?

모기지론은 부동산을 담보로 주택저당증권(MBS: Mortgage Backed Securities)을 발행하여 장기주택자금을 대출해주는 제도다. 주택자금 수요자가 은행을 비롯한 금융기관에서 장기 저리로 자금을 빌리면, 금융기관은 주택을 담보로 주택저당증권(MBS)을 발행한 뒤 이를 중개기관에 팔아 대출자금을 회수한다. 중개기관은 주택저당증권을 다시 투자자에게 판매하고 그 대금을 금융기관에 지급한다. 금융기관으로서는 일반대출이 만기가 될 때까지 자금이 묶이는 것과는 달리 저당권을 담보로 증권을 발행·유통시켜 또 다른 대출자금을 마련할 수 있다는 특징이 있다.

'한국형 모기지론'의 특징

모기지론에 대한 위의 설명은 조금은 이론적이어서 독자들의 피부에 와닿지 않을 것이 분명하다. 은행 등 금융기관이 증권을 발행하여 대출 재원을 조달하든 말든, 그것은 대출 고객의 관심사가 아니므로 모기지론의 이론적 매커니즘을 굳이 이해할 필요가 없기 때문이다. 따라서 모기지론을 단지 '집 장만을 위한 장기대출상품' 정도로 이해하면 족하겠다.

그렇다면 정부가 내년부터 허용하고자 하는 '한국형 모기지론'은 어떤 내용을 담고 있는지, 그리고 현재 은행 등 금융기관에서 취급하는 주택담보대출과 어떤 점이 다른지 알아보자.

첫째, 주택구입 자금의 70%를 20년 동안 빌려준다.

모기지론은 대출기간이 20년에 달하고, 대출한도(구입 가격의 70%)도 많아 '목돈 없는' 서민들로부터 인기를 끌 전망이다. 기존의 은행 대출상품은, 취급하는 은행에 따라 상품 내용이 일부 다르지만, 대체로 대출기간에 있어서는 모기지론이나 큰 차이가 없으나 대출금에서는 차이가 난다. 모기지론은 집값의 70%까지 빌려주지만 은행의 대출한도는 담보가의 50%다. 여기다 '방 공제'(방 개수에 따라 대출 한도를 제하는 것)까지 감안하면 은행의 실질 대출한도는 담보가액의 40% 내외에 불과한 실정이다. 따라서 모기지론을 이용할 경우 5,000만 원만 수중에 있으면 1억 원을 대출받아 서울 노원구 등의 1억5천만 원 대의 25평형 아파트를 손쉽게 구입할 수 있다. 월 소득이 250만 원인 30대 직장인의 경우, 매월 원리금으로 68만 원 내외(세제 혜택 효과 감안)씩 상환하게 된다. 물론 자신의 소득에 따라 초기 본인 부담금을 늘려 큰 평형의 주택을 구입할 수도 있다. 모기지 대출이 활성화되면 내집 마련이 결혼 후 평균 10.8년(통계청 조사)이 걸리던 것이 앞으로는 5년 이내로 크게 단축될 것으로 예상된다.

둘째, 확정금리 대출상품이다.

모기지론과 은행대출의 가장 큰 차이점은 대출금리의 변동성 여부다. 모기지론은 20년 동안 동일한 대출이자율이 적용되는 데 반해, 은행권의 장기 대출은 3개월 단위 등 수시로 대출이자율이 변동된다. 따라서 앞으로 금리가 상승할 경우 은행 장기대출을 받은 고객의 이자 부담은 그만큼 늘어난다. 물론 은행권에도 고정금리 대출상품이 있으나 3년 등 단기간만 허용하고 변동금리 상품보다 금리 또한 더 높다. 정부가 예상하고 있는 모기지론의 대출이자는 연 6.8%(현행 은행대출은 변동금리를 적용할 때 연 5~6%대)이다. 장기대출을 받아 국민주택 규모(전용면적 25.7평 이하)의 주택을 산 경우에는 이자상환액에 대해 연간 600만 원까지(내년부터는 1,000만 원까지로 상향조정할 예정) 소득공제 혜택을 받을 수 있어, 이것까지 감안한다면 실질 대출이자는 연 5.7% 내외로 낮아질 것으로 보인다.

셋째, 대출자격과 고가주택 구입 등에 제한이 있다.

모기지론의 대출자격이 무주택자로 한정되는 데 반해 은행 대출은 자격 제한이 없다. 또한 모기지론으로 시가 6억 원 이상의 고가주택 구입은 불가능할 것으로 보인다. 물론 무주택자 등 구체적인 제한사항은 시행 과정에서 일부 변경될 가능성도 있다.

모기지론 도입되면 부동산 시장 동향은?

모기지론은 미국 등 선진국에서 매우 활성화되고 있는 제도다. 만약 우리나라에서 모기지론이 성공적으로 정착된다면 향후 아파트 등 부동산 시장은 과연 어떻게 될까?

첫째, 수급 측면에서만 본다면 아파트값의 상승요인으로 작용할 것으로 예측된다.

몇 년 또는 몇십 년 동안 적금이나 계를 들어 종자돈을 마련한 후 집을 장만하려던 사람들이 마이홈 작전에 공격적으로 나설 가능성이 크기 때문이다. 그러나 모기지론이 기존의 은행 대출상품들과 큰 차이가 없으므로, 주택금융 시장이 실수요자 위주로 재편되어 궁극적으로 집값 안정에 크게 기여할 것으로 전망된다는 반론도 많다. 또한 장기주택대출을 이용한 내집 마련이 보편화되면 주택거래의 전산화 등을 통해 주택가격과 거래의 투명성을 높여 부동산 투기억제에 일부 기여할 것으로 예상된다.

둘째, 현재의 전세수요가 크게 줄어들 전망이다.

내집 보유 비율이 높아지면서 전세 등 임차수요가 그만큼 줄어들 전망이다. 따라서 금년 7~8월의 역(逆)전세 대란 현상이 심화되고, 주택을 여러 채 구입해 임대소득으로 살아가는 사람에게는 상당한 타격이 예상된다. 이렇게 되면 중장기적으로 주택에 대한 인식이 재산증식 수단이 아닌 주거 목적으로 전환될 가능성도 있다.

모기지론은 장기대출상품이다. 따라서 대출금리 수준이 무엇보다 중요하다. 기존의 은행상품과 모기지론 중에서 어느 쪽을 활용하여 주택을 마련할 것인가의 여부는 결국 시중 금리수준과 대출한도에 달려 있다. 따라서 앞으로도 지금과 같이 저금리 현상이 지속되고 대출을 많이 받아야할 필요성이 없다면 굳이 모기지론에 애착을 가질 필요는 없다.

4050세대의 돈 관리법

4050세대의 돈 관리법

평생직장이 없어지면서 가장 많은 피해를 보고 있는 계층이 다름아닌 4050세대다. 요즈음 시중의 화두로 등장한 '사오정'과 '오륙도'의 중심에 4050세대가 있기 때문이다.

직장에서는 언제 쫓겨날지 모르고, 가정에서는 돈 달라고 손을 벌리는 사람들이 많아지는 시기다. 곧 다가올 노후에 대한 특별한 대비도 없이 줄담배와 뜬눈으로 세상의 한파가 지나가기만을 바라보면서 허송세월을 보내기 쉬운 세대가 4050세대다.

4050세대의 돈관리 키워드는 분산투자와 재산소득(이자, 배당, 임대소득 등)의 확보다. 4050세대는 샌드위치 세대로, 축구에 비유하자면 허리에 해당하는 포지션을 맡고 있다. 허리가 튼튼해야 공격과 수비를 효과적으로 할 수 있는 것과 마찬가지로 4050세대에서는 2030세대에서 모은 돈을 굴리는 시기다. 사람에 따라서는 근로소득이나 금융소득보다도 재산소득이 많아질 시기다. 4050세대는 돈을 굴리는 시기인데 저금리로 인해 돈을 굴릴 곳도 마땅치 않은 것이 현실이다. 과거의 사고방식으로 재테크에 임해서는 안 된다는 경고인 셈이다.

인생의 각 단계에 성취해야 할 과업이 있는 것처럼 재무적 측면에도 단계별 목표가 있다. 인생의 각 시기에 따라 성취해야 할 재테크 목표를 세워놓고 이를 달성해야 하는 것이다. 40대에는 인생의 명암이 갈린다. 20~30대에 안정된 기반을 만들었다면 40대부터는 돈 굴리기에 관심을 가져야 한다. 40대에 들어서면 지금까지 얼마만큼 부지런히 살았고 착실히 돈을 모았느냐에 따라 주변 사람들과 서서히 차이가 보이기 시작한다. 때문에 더 조급해지기는 경향도 있다. 그럴수록 뭔가 다른 방법을 강구해야 한다.

40대가 삶의 질을 좌우한다

40대는 어느 정도 자산이 모이는 시기이기도 하고 본격적으로 재테크가 위력을 발휘하는 때이기도 하다. 길게는 십수 년, 짧게는 4~5년 이내에 소득을 올릴 노동의 기회가 사라질지 모른다는 불안과 부담을 떠안아야 하는 40대. 굳이 재테크 측면에서만 바라보지 않더라도, 지금까지 살아온 날들보다 앞으로 살아가야 할 시간이 더 많다고 할 때, 삶의 질을 좌우하는 인생의 가장 중요한 시기가 40대라는 점은 이견의 여지가 없을 것이다.

40대는 인생의 황금기이다. 소득은 최고점을 향해 달리고 있고, 아직은 목돈이 본격적으로 필요하지 않은 시기이기 때문이다. 하지만 뒤를 돌아보기에는 '벌써 많이 왔다' 라는 생각 때문에 앞으로 나아가기도 쉽지 않고, 뒤로 후퇴하는 데도 많은 어려움이 따른다. 앞으로 소득을 지속할 수 있는 시간의 끝이 보이기 때문에 그때까지 축적해놓은 자산을 바탕으로 본인을 포함한 가족들의 삶을 꾸려나가야 한다는 부담과 긴장이 최고조에 달한다. 그래서 40대는 흔히 장기 레이스에 돌입하기 전의 워밍업에 비유되기도 한다.

4050세대의 재테크

구 분	내 용
재테크 접근 방법	• 돈 굴리기 • 안전성과 유동성 확보 • 상속세 · 증여세 관리 • 건강 관리
대상 상품(예시)	• 지수연동예금 • 후순위채(이자 지급식) • 연금 추가불입 • 간접상품에 투자

노후자금 갉아먹는 사교육비

40대에는 무엇보다 먼저 새어나가는 돈을 막아야 한다. 주식에 무리하게 투자해서 애써 모은 돈을 일시에 날릴 수도 있고, 빚보증을 잘못 서서 하루아침에 가산을 탕진할 수도 있기 때문이다. 모은 돈을 불리는 것보다 지키는 것이 먼저다. 또한 이제는 시야를 넓힐 필요가 있다. 2030세대와 달리 투자기간을 조금 길게 잡아도 좋다. 당분간은 큰 자금 소요가 없기 때문이다. 그러므로, 가령 2030세대에 넣고 있던 개인연금 불입액을 늘려가면서 본격적인 노후준비를 시작하는 것이 바람직하다. 또한 기존에 가입한 보험도 함부로 해약하지 말고 유지하는 것이 좋다. 보장이 부족하면 오히려 추가로 가입하는 방안도 고려하여야 한다.

문제는 사교육비 부담이 지나치게 커서 노후대비 자금을 갉아먹는다는 것이다. 그러나 이제부터는 노후자금 마련에 주력해야 하므로 사교육비를 줄이고 30대에 시작한 연금의 불입액을 늘린다. 이제 막 가정을 이루고 사회 생활을 시작하는 20대, 자녀가 태어나는 가족 성장기인 30대와 달리 40대는 가족의 성숙기로 자녀 교육비와 노후생활에 대비한 재산 형성이 반드시 필요한 시기다. 50대 이후에는 보수적으로 자금을 운용하고, 이자지급식 상품을 선택한다. 퇴직금을 몽땅 주식에 넣는 행위는 위험천만한 일이다.

분산·간접투자가 4050 키워드

4050샐러리맨 경우는 2030샐러리맨과 사정이 사뭇 다르다. 일단 모으기도 해야 하지만 돈 굴리기가 더 중요한 시기이기 때문이다. 4050세대의 핵심 키워드는 '분산투자' 다.

분산투자라 하면 흔히 '자산 3분법' 을 이야기한다. 이는 '주식·부동산·예금에 적절하게 분산투자하라' 는 것이다. 이 원칙을 지켜야 함은 당연하다. 그렇지만 적극적인 투자도 병행해야 한다. 더 윤택한 노후를 준비하고자 한다면 현재 있는 자산을 지키는 것만으로는 아무래도 부족하기 때문이다. 그렇다고 해서 주식에 직접투자하는 등 위험을 떠안고 고수익 게임에 몸을 던지라는 이야기는 아니다. 가령 지수연동예금·지수연계증권(ELS)과 같이 원금 보장이 되면서도 고수익을 노릴 수 있는 상품에 가입하는 것도 한 가지 방법이다. 상대적으로 안전한 은행권의 후순위채 투자도 고려할 만하다.

요는 적극적인 투자에 참여하되 여유자금 전부를 한 곳에 몰아넣지 말고 분산투자하라는 것이다. 즉, 안전성을 염두에 두어야 한다. 가령 주식의 경우 직접투자보다는 뮤추얼펀드 등 간접투자로 안전하게, 부동산은 세금 등을 고려해 과도한 욕심을 부리지 않고 투자하는 것이 바람직하다.

40대와 50대의 재테크는 노후생활 준비와 자녀 학자금 마련 그리고 그동안 부지런히 모은 목돈을 어떻게 굴릴 것이냐에 초점이 모아져야 하며, 자녀가 성장함에 따라 주택을 넓히는 문제도 고려해야 한다. 이 시기에는 부동산에 눈을 뜨지 않고서는 큰돈을 벌 수 없다. 4~5년에 한 번씩 투자한다고 생각하고 인맥을 통한 정보수집은 기본이며, 각종 강의에도 참여하는 것이 좋다. 60대 이후 이른바 '실버기' 의 재테크 키워드는 풍요로운 노후를 보낼 수 있는 안정적 자산운용이다. 젊었을 때는 다소 위험성 높은 주식에 투자할 수 있지만 노후에는 한번 실패하면 다시 회복하기 어렵기 때문이다.

따라서 수익성보다는 안전성과 환금성을 중시하는 재테크 전략을 짜야 한다. 안전한 금융자산 위주로 재테크 설계를 해야 한다. 유동성이 떨어지는 부동산을 추가로 구입하는 것은 피해야 한다.

상속 문제도 발빠르게 대처하자

4050세대 중에서 부를 많이 축적하고 있는 사람이라면 상속의 문제까지 고려하여야 한다. 미리미리 조금씩 배우자나 자녀명의로 재산을 이전하는 작업이 필요하다. 명의를 분산할 때 약간의 증여세를 내거나, 주가가 쌀 때 주식으로 증여하고 증여세를 내거나, 앞으로 몇십 년 후 개발이 예상되는 지역의 땅을 사서 증여하거나, 대출 부담부증여를 하는 등 사전준비에 철저해야만 나중에 낭패를 보지 않을 수 있다. 지금부터 조금씩 미리 증여를 하면 몇 십년 후 증여하는 것보다 증여세를 크게 절감할 수 있는 것이다.

종신보험은 최소한의 상속재원이 될 수 있다. 하지만 돈이 많은 사람이라면 굳이 보험료가 많이 드는 종신보험보다는 정기보험을 권하고 싶다. 왜냐하면 정기보험으로 일정 기간 충분히 보장을 받고, 보험이 소멸되더라도 축적된 자산으로 은퇴를 준비할 수 있기 때문이다.

52 주식발행 시장에서 돈 버는 비결

불경기에도 불구하고 수조 원의 뭉칫돈이 몰려다니며 높은 경쟁률을 나타내는 열풍지대가 있다. 다름 아닌 공모주청약 시장이다. 주가가 오름세를 보이자 직접투자에는 자신이 없고, 그렇다고 저금리 시대에 은행 이자만 바라보기에는 성이 차지 않는 투자자들이 고수익을 얻기 위해 너도나도 공모주청약 시장에 뛰어들고 있는 것이다. 4050세대들은 유통시장보다는 상대적으로 안전한 발행시장에 눈독을 들일 필요가 있다. 투자고수들은 주식이나 채권이 잉태하는 시장(발행 시장)에서 승부를 걸어 큰돈을 챙기지만, 하수들은 고수들이 단물을 다 빼먹은 후 팽개친 유통 시장에서 투자 게임을 벌인다.

공모주청약은 도대체 무엇일까?

기업이 주식 시장에서 자금을 조달하려면 증권거래소에 상장되거나 코스닥에 등록되어야 한다. 그런데 투자자를 보호하기 위해서는 아무 회사나 상장 또는 등록시킬 수가 없으므로 금융 당국은 엄격한 예비심사를 실시한다. 이를 통과한 기업들은 코스닥 등록이나 거래소 상장 요건 중의 하나인 주식 분산 요건을 충족시키기 위해 일반인이나 기관에게 주식(신주 또는 구주)을 팔려고 공개 시장에 내놓는다. 공모주청약이란, 마치 주택청약을 하듯이 이들 회사의 주식(공모주)을 사겠다고 신청하는 것을 말한다.

공모주청약을 하려면 주식 인수를 담당하는 증권사에 계좌가 있어야 하며, 대개 청약 금액의 50% 이상을 증거금으로 납부해야 한다. 물론 증권회사의 대출을 이용할 수도 있다. 직접 청약하기가 번거로우면 투신사가 만든 공모주펀드에 가입하는 것도 하나의 방법이다.

공모 가격과 예상 경쟁률을 감안하라

일반 주식투자는 등락이 심하지만 공모주는 상장(등록) 초기에 높은 상승률을 보이는 경우가 많아 상대적으로 안정적인 수익을 올릴 수 있다. 그러나 공모가가 너무 높거나 경쟁률이 치열하면 많은 수익을 내기가 쉽지 않다.

참고로 시장에 처음 등장하는 공모주의 가격(공모가)는 다음과 같이 정해진다. 공모하려는 기업의 주간사(주식 인수를 담당하는 증권사)가 코스닥 또는 거래소에 이미 등록된 유사 기업들을 선정해 여러 기준으로 가치를 분석·비교한 다음 주당 평가액을 산정하고, 그를 기초로 희망 공모가 범위를 정한다. 이어 기관들의 수요 예측이 이루어진 후 최종 공모가가 결정된다.

주식시장이 나쁠 때는 공모가가 많이 할인되지만 장이 좋아지고 공모주에 대한 투자자들의 관심이 높아지면 조금씩 공모가가 높아진다. 물론 공모가가 상대적으로 낮으면 단위당 수익률은 높아지지만 대신 경쟁률이 치열해질 가능성도 있다. 따라서 공모 가격과 예상 경쟁률을 감안하여 선별적으로 청약에 응하는 것이 좋다.

공모 기업을 해부하라

공모주청약도 일종의 주식투자이므로, 청약 전에 그 기업의 내용부터 파악해야 함은 기본이자 상식이다. 해당 기업의 내용은 금융감독원 인터넷 홈페이지에 있는 '유가증권 신고서' 등을 통해 확인할 수 있다. 해당 기업의 주력 사업이 무엇이며 어느 업종에 속하는지를 살펴본 뒤, 시장에 어필하는 종목군인지 아닌지 파악해야 한다. 특히 상장이나 등록 시점에 인기 테마주로 떠오를 가능성이 있는 종목 위주로 청약하는 것이 유리하다. 예를 들면 실적이 좋은 게임 관련주, 인터넷 관련주, 무선통신 관련주, 휴대폰 관련주, LCD 관련주, 엔터테인먼트주 등을 집중적으로 공략한다. 그러나 업종만으로 되는 것이 아니고 해당 기업이 그동안 쌓아올린 실적이 우수해야 함은 물론이다.

꿩 대신 닭, 공모 관련주

공모주청약이 인기를 끌자 '꿩 대신 닭'을 찾는 투자자들이 늘고 있다. 즉, 투자 열기가 공모주와 관련된 기업의 주식으로 확산되고 있는 것이다. 문제는 사업 분야가 비슷하다는 이유만으로 추격매수하다가는 낭패를 볼 수도 있다. 따라서 공모 관련주 범위에 들어가는지, 실적이 수반되는지 등을 종합적으로 분석하여 주가가 움직이기 전에 남몰래 조용히 매수해둘 필요가 있다.

마지막으로 주식투자를 '타이밍의 예술'이라고 하는 것처럼 투자에서 중요한 것은 매수 및 매도 시점이다. 특히 매도 시점은 수익률의 분수령이 된다. 따라서 공모주로 배정받은 물량에 대해서도 팔 때를 잘 잡아야 한다.

53 맞춤형 자산관리서비스,
랩어카운트(Wrap Account)

주식이나 채권투자 경험은 없고, 그렇다고 펀드상품 등 간접투자상품에는
성이 안 찬다.

이런 사람들에게는 정부에서 최근에 허용한 맞춤형 자산관리서비스인
'일임형 랩어카운트(Wrap Account)'를 주목할 필요가 있다. 자산관리서비
스의 꽃 내지 종착역이라고 불리워지는 '일임형 랩어카운트'를 활용하여
저금리 시대의 탈출구를 찾아보라.

'랩어카운트(Wrap Account)'란?

랩어카운트는 증권회사가 고객이 맡긴 자금을 운용해주고 일정한 수수료
를 받는 맞춤형 종합자산관리서비스다. 증권사는 운용수익률이나 거래횟

수와 상관없이 고객이 맡긴 재산규모를 기준으로 연간 일정비율의 보수를 받는다. 가령 5천만 원을 관리해주고 1년간 수수료로 250만 원을 요구하는 방식이다. 랩어카운트는 일일매매 여부에 따라 '자문형 랩'과 '일임형 랩'으로 구분된다.

자문형 랩은 2001년부터 국내에 도입되었다. 증권사가 이런 저런 종목을 사고 팔라는 단순히 자문만 할 수 있고 최종적인 투자결정은 고객이 내린다. 이와 반대로 이번에 허용된 일임형 랩은 증권사가 자산운용을 고객으로부터 전적으로 일임받아 투자한다. 자문형 랩이 고객의 자산관리를 단순히 컨설팅해주는 절름발이 수준의 랩이었다면, 일임형 랩은 고객이 자산운용을 완전히 증권사에 맡기는 것으로 선진국형 자산위탁관리서비스인 셈이다. 일임형 랩을 취급하기 위해 감독당국에 등록을 한 증권사는 현재 5개(대우증권,삼성증권,LG투자증권,미래에셋증권,동원증권) 증권사가 있다. 증권사에서 고객의 재산을 위탁받아 전문적으로 운용해주는 사람을 가리켜 보통 '머니매니저(Money Manager)'라고 부른다. 투신운용사나 자산운용사에 펀드매니저가 있는 것처럼 증권사에는 머니매니저가 있다.

이용 절차

일임형 랩어카운트에 가입하려면 우선 증권사 객장을 방문해 자신의 투자성향과 투자목표등에 대해 상담 후 자신에게 맞는 투자성향을 선택한다. 투자성향에 따라 주식 등의 투자비율, 위험자산(관리종목, 투자등급 이하의 채권 등)의 투자여부, 신주청약 여부 등을 사전에 결정한다. 증권사와

일임재산의 운용방법 및 조건, 수수료 등이 기재된 투자일임계약을 작성하고 계좌를 개설하면 된다. 가입기준 금액과 수수료율, 수수료 징수방법 등은 증권사마다 조금씩 다르다. 가입금액은 대우증권은 1천만 원, 다른 증권사들은 보통 3천만 원 이상이다. 투자일임 계약기간은 최소 6개월 이상이며, 수수료율은 보통 연 1~3%다. 수수료 징수방법은 가입 시 먼저 내는 선취형, 가입 후 일정 기간이 지난 후에 내는 후취형 등이 있다.

소 잃기 전에 외양간 살피자

일임형 랩어카운트는 고객의 계좌 하나하나를 별도의 상품으로 인식하므로 사모형 간접투자상품이라고 할 수 있다. 따라서 일반 펀드상품(수익증권)과 달리 금융시장 상황에 따라 탄력적으로 대응할 수 있는 맞춤형 투자상품이기 때문에 꽤 괜찮은 상품임에는 분명하다. 특히 고객이 맡긴 재산을 근거로 수수료를 징수하므로 증권사에서 수수료 수입을 노린 의도적인 단타매매 비중도 낮아질 것으로 예상된다. "수수료 빼면 남는 장사 없다"라는 볼멘소리 아닌 볼멘소리도 이제 사라질지 모른다는 얘기다. 그러나 '일임형 랩어카운트' 상품에도 함정은 있다. 과연 "내 재산을 안심하고 맡길 만한 증권사가 얼마나 될까?" 하는 의구심과 시장평균 이상의 수익을 낼 만한 운용능력 있는 머니매니저의 존재여부가 변수이기 때문이다.

또한 증권사가 고객과 이해상충이 발생할 수 있는 거래를 제도적으로 할 수는 없으나, 그 이행상충을 발견하거나 확인하기가 쉽지 않다는 것도 문제라고 할 수 있다. 따라서 자신이 지금 거래하고 있는 증권사를 무작정

이용하기보다는 운용능력을 갖는 신뢰할 만한 증권사(머니매니저)를 찾아 거래하는 것이 좋다. 또한 증권사에서 매달 운용결과 보고서를 보내주지만, 자신이 홈트레이딩시스템(HTS) 등을 통해 계좌의 운용상황을 수시로 점검해야 한다는 사실도 잊지 마라.

54 후순위채권, 저금리의 마지막 비상구

예금보장이라는 이유 때문에 낮은 금리에도 불구하고 정기예금에 돈이 몰리고 있다. 하지만 1년 이상, 특별히 사용처가 없는 여유자금이라면 조금만 눈을 돌려보자. 정기예금보다 안전하면서도 수익률이 높은 금융상품들이 많기 때문인데, 그 중에서도 후순위채권이 가장 돋보인다. 그 매력에 대해 살펴보도록 하자.

저금리의 무풍지대

일부 은행에서 발행한 후순위채권은 1~2일 만에 동이 나는 바람에 고객 요청에 따라 추가 발행을 할 정도로 폭발적인 인기를 얻었다. 후순위채권이 이처럼 인기를 끄는 이유는 저금리 시대에 돌입한 이후에도 정기예금 등 다른 금융상품보다 높은 금리를 지급하기 때문이다. 수익률이 최고 연 6%대로 연 4%대의 정기예금 금리보다 2% 이상 높다. 특히 1개월·3개월 단위로 이자를 고정적으로 받을 수 있어, 예금이자로 생활하는 사람들이 활용하기에 안성맞춤이다.

채권의 종류는 1개월·3개월 이표채(채권 기간 중간중간에 이자를 받는 채권)와 3개월짜리 복리채(만기 때 이자를 한꺼번에 받는 채권) 등 세 가지이며, 구입 고객에 대해서는 주거래 고객 자격을 부여하여 예금 대출금리 우대와 각종 수수료 면제 등의 다양한 혜택을 부여하고 있다.

돈 많은 사람들의 절세수단

후순위채권은 연간 금융 소득이 4,000만원을 초과해 금융소득종합과세 대상에 해당하는 거액의 금융자산가에게 더 큰 매력을 준다. 후순위채권에 투자하면 금융소득종합과세 대상에서 아예 제외하거나 세금을 줄일 수 있기 때문이다. 소득자가 분리과세를 신청하면 여기에서 발생한 이자소득은 종합과세 대상에서 제외되며, 금융소득 자료의 국세청 통보도 생략된다.

그래도 챙겨볼 것 있다

후순위채권은 말 그대로 일반채권에 비해 상환순위가 뒤처지는 채권이다. 주식을 소유한 주주보다는 앞서지만 일반 채권자에 비해 상환순위가 밀리므로, 후순위 채권에 투자할 때는 발행 은행의 상환능력에 대한 고려가 무엇보다 중요하다. 금리만 따질 것이 아니라 발행 은행의 자산건전성비율·총자산순이익율·신용평가등급 등 발행 은행이 얼마나 튼튼한지도 고려해야 한다는 얘기다.

후순위채권은 5년 이상의 장기 상품이다. 따라서 원칙적으로 중도 해지가 불가능하여 장기간 원금을 찾을 수 없다는 점도 염두에 두어야 한다. 물론 개별적인 양도 등의 방법으로 현금화할 수 있으나 많은 제한이 따른다. 따라서 후순위채권에 투자할 때는 최소 5년 이상 돈이 묶인다는 점을 감안해서 여유자금으로 투자해야 한다. 그렇지 않으면 중도환매가 불가능해 갑자기 목돈이 필요할 경우 큰 낭패를 볼 수도 있다.

인기 폭발, 하이브리드 채권에도 독은 있다 55

사상 유례없는 저금리가 지속되고 있는 가운데 수백조에 달하는 부동자금이 지금 이 시간에도 고수익을 찾아 이리저리 이동하고 있다. 정부의 잇따른 투기억제 대책으로 부동산 시장이 잠시 주춤하는 사이에도 더 높은 곳(금리)을 향하여 머리를 박는 머니게임이 멈추지 않고 있다.

특히 최근 은행들이 발행하기 시작한 하이브리드 채권에는 과거의 '묻지마 투자'를 연상시키듯 돈이 마구 몰리고 있다. 외환은행이 첫 선을 보인 하이브리드 채권은 판매 당일 30분 만에 218억 원이 팔렸고, 3일만에 판매 한도인 2,500억 원이 전액 소진되었다.

그러나 '이 세상에 공짜 점심은 없다'는 평범한 투자철학을 떠올리며, 고수익이라는 미끼 속에는 많은 투자 위험이 존재한다는 사실을 잊지 말아야 한다. 무턱대고 투자했다가 나중에 후회해도 소용이 없다. 노후의 행복에 먹구름이 드리울 경솔한 처신은 절대 금물이다.

하이브리드는 '짬뽕 채권'

하이브리드 채권은 주식과 채권의 중간 성격을 지닌, 말하자면 짬뽕채권이다. 만기가 사실상 반영구적이고, 일반채권은 물론이고 후순위채권보다도 상환순위가 처진다는 점은 주식과 유사하다. 반면에 이자율이 확정되어 있고, 발행자의 조기상환이 가능하며, 주식보다 변제순위가 앞선다는 점은 채권의 성격을 지니고 있다. 하이브리드 채권은 주로 유럽 은행들이 자본확충이나 자금조달 용도로 활용해왔다. 우리나라에서는 지난해 11월 도입되어 올 4월부터 채권 형태로 발행되고 있다.

저금리 시대의 고수익 대안상품

하이브리드 채권의 강점은 바로 높은 금리다. 은행권의 1년짜리 정기예금 금리가 연 4%대 초반까지 떨어진 초저금리 시대에 하이브리드 채권은 정기예금 금리보다 2배 정도 높은 이자를 받을 수 있다. 얼마 전 큰 인기를 모았던 외환은행의 예를 살펴보자. 이 채권은 10년간은 연리 8.5%를 확정 지급하고, 그 후 20년 동안 연 10%의 이자를 보장해준다. 앞으로도 저금리 기조가 상당 기간 이어질 것으로 예상된다는 점을 감안하면 매우 높은 금리이다.

무려 30년 동안 시중 금리의 2배 가까운 이자를 지급해야 한다는 것은 장기적인 차원에서 은행경영에 압박요인으로 작용한다. 그런데도 은행들이 많은 이자 부담을 감수하면서까지 하이브리드 채권을 발행하는 이유는 무엇일까? 국제결제은행(BIS)이 요구하는 자기자본비율을 끌어올릴 수 있기 때문이다. 올 들어 은행들이 수익은 떨어지는 반면 위험자산은 크게 늘고 있어, 결국 은행들은 국제결제은행 자기자본비율 등 건전성 지표를 유지하기 위해 울며 겨자먹기 식으로 대규모 자본 확충에 나설 수밖에 없는 상황이 된 것이다.

고수익 미끼 속의 독을 찾아라

이 채권은 사실상 만기가 없으므로 최악의 경우 투자원금을 돌려받지 못할 수도 있다. 증권거래소에 상장되는 경우 중도에 상환을 받을 수도 있지만 제한적이다. 또한 발행 은행이 부도가 나거나 지급에 응하지 못하게 되면 이 채권은 예금이 아니기 때문에 정부로부터 예금자보호를 받을 수도 없다. 채권 발행사가 부실 금융사로 지정되거나 보통주배당을 실시하지 않을 경우에는 이자를 못 받을 가능성도 있다. 약관에 '은행이 수익이 나지 않을 경우 이자를 지급하지 않을 수 있다'고 명시되어 있을 테니 한번쯤은 읽어보고 투자하라.

하이브리드 채권은 짬뽕채권인 만큼, 그 강점과 약점 모두 정확하게 잘 파악해야 위험을 줄일 수 있다는 사실을 명심해야 한다.

56 불법 유사금융업체 식별 요령

저금리 시대에는 로또복권 당첨 등 대박에 대한 기대감과 한탕주의에 빠지기 쉽다. 이런 심리와 사회 분위기를 놓칠 리 없는 불법 유사금융기관들이 요즘 기승을 부리고 있다. 특히 금융상품과 부동산 등의 절묘한 포트폴리오라는 퓨전상품 등을 내세우며 '저금리 시대의 돌파구' 라는 그럴싸한 문구로 순진한 투자자를 홀리고 있다.

금융감독원은 지난해 무려 154개에 달하는 불법 유사금융업체를 적발하였다. 그런데도 뿌리가 뽑히지 않고 최근에는 더욱 늘어나고 있는 추세이다. 불법 유사금융기관의 식별 요령을 익혀 손해를 보는 일이 없도록 하자.

비현실적인 고수익 · 고배당 약속은 일단 의심하라

저금리 기조가 계속 유지되면서 고금리 확정 배당을 미끼로 자금을 모집하는 불법 유사금융업체가 많다. 이 세상에 공짜 점심은 없다. 요즈음 같은 저금리 상황에서 두 자리 수 이상의 수익을 보장한다고 약속하는 업체는 유령업체이거나 불법 유사금융기관일 가능성이 높다. 현실적으로 투자 위험이 전혀 없으면서도 높은 수익을 올릴 수 있는 금융상품은 이 세상 어디에도 존재하지 않기 때문이다. 따라서 고수익이 창출되는 내용이 아님에도 불구하고 터무니없이 고금리나 고배당을 약속하는 업체는 일단 의심하라. 그들은 당신이 땀흘려 모은 소중한 돈을 노리고 온갖 달콤한 유혹으로 손짓하고 있는 것이다.

다단계 모집 등 투명하지 못한 업체는 무조건 피하라

업체 현황을 알고 싶어도 기존 투자자 또는 투자 모집책을 통해서만 알 수 있는 업체, 다단계 방식으로 투자자를 모집하는 업체, 정부등록법인임을 앞세워 마치 정부가 자금모집을 허용한 것처럼 선전하는 업체, 은행 등 제도권 금융기관이 지급보증을 한다고 주장하는 업체, 투자약정서 등을 교부해주지 않고 대신 코스닥에 등록할 예정이라며 주식을 교부하는 업체 등은 일단 믿지 말라.

불법 유사금융기관에 속았다면 빨리 빠져 나와라

불법 유사금융기관의 유혹에 빠져 돈을 이미 투자한 사람은 어떻게 해야할까? 피해를 최소화할 수 있는 유일한 방법은 일부 손해에 연연하지 말고, 빨리 그 소굴에서 빠져나와야 한다. 그들은 투자자들이 믿도록 하기위해 투자초기 몇 달은 고배당을 해주는 당근 전략을 쓰고 있다. 이때라도 빨리 빠져나와야 한다. 일부 투자자들은 불법 유사금융기관인지 알면서도 '괜찮겠지' 하다가 나중에 모든 원금을 날리고서야 후회하게 된다.

또한 감독기관의 힘을 빌어 해결할 수도 있다. 그들은 당신 개인보다 정부 등 감독기관을 훨씬 더 무서워하기 때문이다. 참고로 '금융감독원 단속반(02-3786-8157)'이나 '인터넷 사이버 민원실(www.fss.or.kr)'로 신고하면 된다.

부동산 매매, 타이밍이 중요하다 57

부동산 투자에서 가장 간과하기 쉬운 것이 투자 타이밍이다. 시장 환경이나 정부정책에 따라 인기 품목이 시시각각 변하기 때문이다. 따라서 부동산을 언제 사고 언제 팔아야 할지를 결정하는 것이 수익성 측면에서 매우 중요하다.

언제부터인가 부동산을 구입할 때 가장 먼저 고려하는 요소가 환금성이 되어버렸다. 싸게 사는 것도 중요하지만 팔 때 손쉽게 팔 수 있는가의 여부를 항상 따져보고 부동산을 구입하는 것이다. 사실 부동산에 있어 환금성은 매우 중요하다. 일반적으로 부동산을 팔 때는 적어도 3~6개월 정도 시간이 필요하다. 때문에 제때에 팔 수 있다는 것은 큰 행운이라고 할 수 있다.

골목의 전봇대마다 부동산 매매를 알리는 벽보가 붙고 거리의 무가지에 부동산 정보가 넘쳐나는 현상도 이와 맥락을 같이 한다. 예전에는 중개업소에 집을 내놓고 하세월을 기다릴 뿐이었지만, 이제는 집 주인이 직접 나서는 등 적극성을 띠고 있다. 부동산을 잘 팔려면 요령이 필요하다. 특히 팔 물건이 넘쳐나지만 정작 살 사람이 적을 때는 적극성을 가져야만 원하는 시기에 부동산을 팔 수 있다. 마케팅 전략을 잘 구사해야 부동산을 잘 팔았다는 소리를 들을 수 있는 것이다.

많은 사람들이 부동산을 잘 팔기 위해 고민하지만, 그 방법은 의외로 간단하다. 시세보다 약간 싸게 파는 것이다. 특히 지금 당장에 꼭 집을 팔아야 하는 처지라면 같은 물건의 시세보다 싸게 내놓고 주인을 기다리는 것이 현명하다. 부동산은 팔 수 있을 때 파는 것이 제일이다. 더욱이 부동산은 인연이 있어야 한다. 내 입맛에 꼭 맞는 새 주인을 만나기란 매우 힘들다.

보기 좋은 떡이 먹기도 좋다

시세보다 싸게 부동산을 내놓았다고 해서 일이 끝나는 것은 아니다. 팔리기 위한 부동산으로 개조해야 하는 절차가 남아 있다. 옛말에 '보기 좋은 떡이 먹기도 좋다' 는 말이 있지 않은가. 부동산을 팔 때는 우리나라 사람의 충동구매 성향이 높다는 것을 최대한 이용해야 한다. 방법은 얼마간의 돈을 들여서 외관을 치장하는 것이다. 부동산을 보러왔을 때 분위기가 깨끗하고 아름답게 꾸며져 있다면 금방 마음이 동하게 된다. 하다못해 집안 청소만 깨끗하게 해놓아도 분위기가 달라져보인다. 필요하면 리모델링도 해야 한다.

이에 못지 않게 중요한 것은 실수요자가 부동산을 보러왔을 때 적극적으로 홍보하는 일이다. 이때 친절하게 응대한다면 좋은 인상을 줄 수 있어 파는 데 매우 유리하다. 이왕이면 왠지 '재수가 좋을 것 같은 부동산'을 구입하는 것이 사람의 마음이다.

주식 매매에서 '살 때는 거북이처럼, 팔 때는 토끼처럼'이라는 말이 있다. 살 때는 신중하게 사고, 팔 때는 신속하게 팔라는 것이다. 부동산도 마찬가지다. 팔 때가 되면 주저하지 말고 과감히 내던지는 자세가 필요하다. 재테크의 성공여부는 타이밍에 있기 때문이다.

장기 투자자라면 버려진 땅을 싸게 사라

한 평에 수억 원 하는 땅이 있는가 하면, 시골을 돌아다니다 보면 아직 평당 몇천 원짜리 땅이 수두룩하다. 지금 당장 몇 %의 수익률을 올리는 데 연연하지 말고, 땅에 묻어둔다는 생각으로 투자하는 것도 좋은 방법이다. 특히 그린벨트 · 공원녹지 지역 · 접도 구역 · 자연녹지 지역처럼 규제에 묶인 땅을 사라. 이런 땅은 찾는 이가 별로 없기 때문에 싸게 살 수 있다. 싸게 사서 놓아두면 언젠가는 그 용도가 생기는 것이다.

쓸모없다는 말은 당장 건축할 수 없다는 말일 뿐이다. 그러나 땅의 쓰임새는 건축만이 전부가 아니다. 아주 다양하다. 더군다나 정부의 국토 이용 계획은 갈대와도 같다. 규제 · 해제가 하루아침에 바뀌는 것이다. 수백 번의 시행 착오 끝에 국토 이용 계획을 더 이상 바꾸지 않아도 될 만큼 완벽해지지 않는 한 언제나 변화의 여지는 있을 것이다. 우리나라는 국토 이용

계획을 완벽하게 수립하기에는 아직 보완해야 될 점이 많다고 여겨진다.

흔히 땅을 사고 나면 그 땅을 어떻게 활용할까를 가장 먼저 생각하게 된다. 무엇을 해야겠다고 서두르기 전에 푹 삭혀라. 우리나라 전통음식 삭히듯 푹 삭혀라. 20년, 30년, 아니 후대로 넘어가면 더 좋다. 묵힐수록 돈이 불어나는 것이다.

땅값이 왜 이렇게 안 오르지? 잘못 산 것 아닌가? 언제 팔아야지? 이렇게 조바심을 내다보면 땅에 대한 매력을 잃게 되고, 스스로 땅의 값어치를 떨어뜨리는 경솔함을 초래한다. 일단 땅을 사놓았으면 언젠가는 그 땅이 행운을 가져다 줄 것이라 믿고 땅을 사랑해야 한다. 우리 격언에 이런 말이 있다. "병신 자식이 효자 노릇한다." 이 말처럼, 돈이 부족해서 못생기고 쓸모없이 보이는 쥐꼬리만한 땅을 사놓았는데 그것이 나중에 금싸라기가 되는 경우가 많다.

동서고금을 통틀어 못 쓰는 땅이라고 버린 땅은 없다. 소련은 별 볼일 없는 땅이라며 알래스카를 미국에 팔아버렸다가 후에 땅을 치고 통곡을 했다. 알래스카에는 무궁무진한 지하자원이 매장되어 있었고, 지금은 천혜의 자연경관을 보려는 관광객들로 넘쳐난다.

땅 투자도 적금식투자가 필요하다

배불리 먹는 데도 요령이 필요하다. 잘 씹지도 않고 급하게 삼키다가는 오히려 체한다. 땅도 마찬가지여서, 한꺼번에 큰 평수를 사려다가는 계획대로 안 되는 수가 있다. 마치 저축하듯이 형편이 되는 대로 조금씩 사 모으는 것이 좋다. 평생 땅을 모으는 것을 취미로 삼아도 좋다. 조금씩 사기 어려운 땅은 여러 명이 함께 일괄로 산 후, 공동등기나 분할등기를 하면 된다.

58 상가분양 사기 예방법

주택이나 주상복합 아파트와 달리, 상가분양은 법의 사각지대에 놓여 있어 분양사기 등 심각한 부작용을 낳고 있는 실정이다. 얼마 전 굿모닝시티의 상가분양에 따른 피해가 수천 명, 수천억 원에 달하고 있는 것만 봐도 그렇다. 굿모닝시티는 사전분양, 조폭연루, 뇌물비리, 이중계약, 자금 횡령 등 상가분양에서 나타날 수 있는 비리 가능성을 모두 갖춘 전형적 사기 분양이었다. 상가투자에서 유의할 점을 알아보자.

법의 사각지대, 모르면 사고난다

상가분양을 아파트 등 주택의 분양과 유사한 것으로 생각하기 쉽다. 그러나 아파트와 달리 상가는 법적으로 건축허가를 받지 않고서도 사전분양이

가능하다. 아파트 등 주거용은 그나마 법률적 안전장치가 마련되어 있지만, 투자자를 모아 건립하는 상가는 정부의 보호망 없이 위험에 노출되어 있는 고수익·고위험 품목인 셈이다. 따라서 꼼꼼한 분석없이 상가분양에 참여했다가는 큰 낭패를 보기 십상이다.

실제로 전문 테마상가의 상당수는 건설 부지마저 확보하지 않은 채 분양을 먼저 실시하고 있다. 건축법상 상가에 대한 분양 시기를 못박지 않고 있어 시행사가 건설 및 부지대금을 확보하기 위해 선분양을 실시하는 것이다. 굿모닝시티의 경우, 전체 부지에 대한 토지사용 승낙서를 땅 주인으로부터 받은 뒤 건축심의만 받고 곧바로 선분양에 착수했다. 교통영향 평가나 건축허가조차 받지 않은 채 분양에 들어가 수천 명의 투자자를 끌어모은 것이다(뒤늦은 감이 있지만 정부는 연면적 900평 이상 상가에 대해서는 선시공 후분양 제도를 도입할 예정이다).

이와 같이 토지가 확보되지 않은 채 사업을 벌이다보니 곳곳에 위험이 도사리고 있다. 우선 분양실적이 저조하면 토지매입이 늦어져 전체 공사기간이 지연된다. 사업성이 뛰어난 곳은 그나마 은행 등에서 금융지원을 받을 수 있으나 그렇지 못한 곳은 분양 과정에서 도산할 수도 있다. 분양이 성공적으로 이루어지더라도 땅 주인이 터무니없이 비싼 값을 부르며 팔기를 거부할 경우도 어려움은 마찬가지다.

돌다리도 두드려보고 건너라

따라서 토지 매입이 끝나고 건축허가 등을 받은 뒤 착공하는 상가에 투자하는 것이 안전하다. 사업 주체를 잘 선택하는 것도 요령이다. 시행사의 능력은 분양과 건축은 물론이고 사후관리에 있어서 매우 중요하기 때문이다. 쇼핑몰 운영 경험이 풍부하고 신뢰성이 높은지 확인할 필요가 있다.

아직 상가준공을 보장할 수 있는 제도적 장치는 마련되지 않았으나 일부 상가의 경우 대안으로 시공사와 책임준공 계약을 맺어 계약자들에게 책임준공 서약을 해주는 곳도 있으므로 이 방법을 활용하면 유리하다.

시장 분위기에 휩쓸린 부화뇌동식 투자는 절대금물이다. 현재 상가 시장이 과열 국면에 진입했다는 우려가 이미 여러 곳에서 제기되고 있는 만큼 신중한 투자자세가 필요하다는 얘기다. 상가의 경우 시세차익 못지 않게 임대수익률이 투자가치를 판단하는 중요한 기준인데, 국내경기 회복의 불확실성으로 인해 높은 임대수익률을 올리기가 어려울 수도 있다. 또한 상가의 거품은 한 번 빠지면 다시 회복하기 어렵다. 따라서 주변상권이나 유동 인구, 점포 성격과 지역 특성, 가격의 적정성, 상가임대차보호법을 적용받을 수 있는지 등을 꼼꼼히 따져본 뒤 투자해야 한다.

이왕이면 등기분양 상가에 투자하라

테마상가 투자자는 우선 분양 방식이 '등기분양' 인지 '임대분양' 인지를 우선 살펴봐야 한다. 등기분양은 계약과 함께 토지 · 건물에 대한 소유권이 이전되는 분양 방식이고, 임대분양은 상가에 대한 사용권만을 갖는 것으로, 임대차계약이 이루어진 계약기간 동안만 임대권리가 있다. 따라서 이왕이면 등기분양 상가에 투자하는 것이 절대적으로 유리하다.

등기분양을 받았더라도 전체 상가가 완공될지를 먼저 확인해야 한다. 자기 지분을 갖고 있더라도 정작 상가가 착공조차 안 될 경우에는 투자원금조차 회수하기 어렵기 때문이다. 따라서 매입계약서 등을 통해 분양되는 상가 전체에 대한 부지를 시행사가 사들였는지 확인하는 것이 매우 중요하다.

국내경기의 불황이 지속되자 최근 유괴·강도·사기 등의 각종 범죄가 급증하고 있다. 법의 사각지대를 제대로 살피지 않고 방심했다가는 큰 사고를 당할 가능성이 높은 위험한 시기이다.

지금 당장 당신의 옆에 있는 신문을 펼쳐 보아라. 신문에 대문짝만한 광고가 실려 있을 텐데, 그것은 십중팔구 상가분양 광고다. "은행 정기예금의 5배 수익률, 저금리 시대의 마지막 대박투자" 등 과대 광고로 당신의 눈을 홀리고 있는 것이다. 그러나 이것에 속지 말라. 안전하면서도 투자수익률이 높은 종목은 이 세상 어디에도 없다.

59 펜션 사업으로 전원생활 즐기기

아파트에 대한 정부의 규제로 아파트, 오피스텔, 주상복합 등 전통적 수익형상품의 투자열기가 시들해지고 있다. 반면에 부동산 투자자들의 관심이 펜션((Pension; 전원주택형 숙박시설) 등 틈새상품에 쏠릴 것으로 보인다. 소득수준의 향상, 자동차 보급의 확대, 교통망 확충, 주5일근무제 시행 등 주거환경이 도시에서 전원으로 급속히 바뀌는 과정에서 '전원생활+재테크' 라는 신개념의 펜션이 주목받기 시작한 것이다. 특히 노후설계 목적으로 투자하는 사람들에게는 안성맞춤이라 하겠다. 하지만 펜션투자는 최소 1억 원 이상의 목돈이 들어가기 때문에 투자에 신중을 기해야 한다.

펜션이란?

은퇴한 연금생활자들이 민박 운영을 통해 노후생활을 즐긴다는 데서 유래
됐다. 운영수익이 연금(年金; Pension)의 역할을 했기 때문이다. 현재 유
럽의 전체 숙박능력 중 약 70%는 펜션이 차지하는 것으로 알려져 있다. 일
본도 1980년대 펜션이 첫 도입된 이래 1만2천여 곳이 성업 중이다. 펜션은
호텔의 편리함과 민박의 가족적인 분위기를 모두 살린 레저용 숙박시설이
다. 시설면에서 호텔 수준에 못지 않고 요금이 저렴한데다 산책로와 바비
큐 시설, 농장과 목장 등 자연체험을 할 수 있는 여건도 갖춰져 있어 어린
이를 동반한 가족이나 연인들의 주말 여가장소로 적합하다.

펜션의 3가지 형태

펜션은 크게 세 가지로 나누어진다. 첫 번째는 집주인이 직접 전원주택에
살면서 터 일부에 민박집을 따로 짓거나 집의 일부를 민박시설로 활용하
는 것이다. 현재 수도권과 강원·충청권 관광명소 일대에 들어서는 전원
주택은 이런 방식의 사업이 가능하다. 두 번째는 땅만 매입해 이를 분양업
체에 임대하면 이 업체가 집을 짓고 운영을 맡아 여기서 나오는 임대수익
을 배분하는 방식이다. 이런 경우 땅주인은 연간 정해진 범위 안에서 시설
을 이용할 수도 있다. 최근 일부 업체가 이런 펜션용 전원주택지를 공급
중이다. 마지막으로 제주도의 정식 펜션업이 있다. 제주 펜션은 일정 면적
이상의 농지나 목장용지를 반드시 확보해야 하며, 객실을 분양하거나 회
원제로 운영할 수 있는 게 장점이다.

펜션투자 시의 유의할 점

펜션투자 시의 유의할 점에는 어떤 것들이 있을까? 첫째, 나 홀로 펜션을 피해라. 아직까지 국내 펜션은 자족형 사업모델을 갖추지 못하고 있는 실정이다. 따라서 아무리 조망이 좋아도 외딴 지역에 나홀로 위치해서는 안정적인 객실가동률을 확보할 수 없다. 특히 일부 펜션 광고는 사진을 합성해 작성되는 경우도 적지 않은 만큼 반드시 투자회사에 이를 확인해야 한다. 둘째, 분양가와 분양면적을 꼼꼼히 따져라. 분양업체마다 분양가와 분양면적이 천차만별이다. 일부 업체의 경우, 건축면적이 들어가지 않는 데크(외장형 마루)를 분양면적에 포함시켜 눈속임을 하고 있다. 이는 아파트의 서비스 공간인 배란다를 분양가에 포함시킨 것과 마찬가지다. 광고나 홍보책자에 나와 있는 분양면적이 정확히 건축면적인지 꼼꼼히 따져봐야 한다. 셋째, 시행사와 인허가는 필수 확인사항이다. 최근 펜션사업에 뛰어든 업체들은 대부분이 이름이 생소한 영세업체들이다. 따라서 해당 시행사가 사업을 지속적으로 추진할 수 있는지 잘 알아봐야 한다. 우선 시행사가 분양부지를 1백% 매입했는지의 여부를 해당관청에 확인하라. 넷째, 과대포장된 정보를 경계하라. 펜션분양지 인근의 거창한 개발계획을 흘리며 투자자를 현혹하는 사례가 적지 않다. 검증되지 않은 개발계획을 믿고 투자를 결정할 경우 돌이킬 수 없는 후회를 할 수 있다.

모든 일이 그렇듯이, 펜션투자도 마찬가지다. 다양한 정보를 수집하고 데이터를 분석하고 체험과정을 거치다보면, 어느 시점에 이르러 펜션을 보는 안목이 열리고 사업에 대한 자신감과 확신이 찾아온다. 그러니 조급하게 서둘러서는 안 된다. 국내에선 아직 전문성이 부족하지만 전문 컨설팅업체도 여러 곳 생겼고, 펜션창업에도 도움을 줄 수 있는 공신력 있는 업체나 기관의 세미나 및 강좌, 각종 출판물도 속속 나오고 있다. 공부를 하다 보면 부지선정, 인허가 문제, 설계건축, 테마구축 및 운영과 마케팅 전략을 어떻게 가져가야 하는지를 자연스럽게 이해하게 될 것이다.

펜션 · 전원주택 건축 시의 체크 포인트

체크 포인트	내 용
도로 여부	도로가 없는 땅(맹지)은 반드시 폭 4m 이상 도로에 해당하는 인접토지의 토지사용승락서(인감 첨부)를 받든가, 도로 부분의 땅을 별도로 매입해야 건축허가 및 준공허가가 가능하다.
전기 · 전화	기존 전기가 가설된 곳에서 200m까지의 전기 인입은 기본요금으로 해결되지만 그 이후에는 1m 초과할 때마다 추가비용을 부담해야 한다.
상수도 개발	식수문제를 간과하고 땅부터 사는 경우가 많은데, 우선 지하수 개발 비용은 대략 800만~1,000만 원 가량 들어간다. 그러나 지하수량의 부족으로 이웃들이 지하수 개발을 반대할 경우 건축에 상당한 애로사항이 될 수 있다.
하수도 처리	전원에서는 단독주택이기 때문에 개별하수 처리시설을 설치할 수밖에 없다. 이경우 대략 처리시설을 기준대로 갖추기 위해서는 1,000만~2,000만 원 비용이 들어간다.
토목공사	대개 건축을 위한 자금계획을 수립하게 되면 대부분의 초보자들은 땅값과 건축비만을 계산하는 경우가 많다. 경사가 심한 땅에서는 토목공사비가 토지구입비를 능가하는 예가 허다하다. 토목공사비는 평당 5만~10만 원 정도가 소요된다. 또 매립된 토지의 경우는 매립 후 2~3년 후에는 지반이 침하된다. 이런 점을 염두에 두고 건축을 계획해야 한다.

60 불황 속의 기회, 주택경매

경기 침체로 경매물건이 급증하고 있다. 채무를 감당하지 못한 서민 재산이 대거 경매시장으로 넘어가고 있기 때문. 특히 서민형 아파트와 주택의 비중이 지난해에 비해 크게 늘었다.

경매투자는 남의 불행을 자신의 부를 증대할 수 있는 기회로 활용하는 것이기는 하지만, 잘만하면 짭짤한 재미를 볼 수 있는 것이기도 하다.

경매와 공매

부동산경매는 법률의 규정에 따라 법원에 의하여 강제적으로 이루어지는 매매거래다. 이에 비해 부동산공매는 법원경매에 부쳐진 부동산 물건이 유찰될 경우 한국자산관리공사가 일정 시점에서 사들여 소유권을 확보한 후 다시 경쟁매매로 내놓은 것이다. 경매물건 중에는 아파트를 포함한 주택이 많은 편이다. 때문에 실수요자들은 경매를 통해 주택을 구입할 수 있는 선택의 폭이 상대적으로 넓다. 이와 달리 공매로 나온 물건 가운데는 공장, 업무용 빌딩, 은행점포, 토지 등이 많다. 은행 등 금융기관에 담보로 잡혔던 물건들이 한국자산관리공사로 넘어왔기 때문이다. 즉, 실수요자들은 법원경매를, 재테크에 관심 있는 수요자들은 공매를 눈여겨 볼만하다.

법률공부 없이 성공없다

경매의 대중화에도 불구하고 일반인들이 안심하고 참여할 수 없는 것이 경매다. 경매제도가 국민대중에 쉽게 다가설 수 있도록 점차 개선되고는 있으나 경매자체의 불안정성으로 인해 전문가들도 예측하지 못하는 여러 함정들이 곳곳에 도사리고 있기 때문이다. 따라서 관련 법규에 대해 많은 공부를 하여야 하며, 적어도 주택임대차보호법과 민사소송법 중 강제집행편은 꿰뚫고 있어야 한다. 법원경매의 성공여부는 권리관계 파악이 시작이자 끝이다.

현장확인이 필수다

일반 부동산투자에서도 마찬가지지만 현장확인은 필수이자 의무다. 법원의 감정평가서나 현황조사서만 믿었다가는 큰코 다치기 십상이다. 반드시 입찰 전에 해당 아파트를 찾아 세입자 조사를 철저히 하고, 대항력이 없는 세입자라도 직접 만나 이사문제 등 명도저항 여부를 확인해야 한다. 낙찰받고도 세입자로 인해 부동산을 사용하지 못한다면 큰 낭패다. 압류재산은 낙찰자가 명도책임을 져야 하기 때문이다. 현장에서 확인해야만 정확한 시세파악은 물론 권리관계상 나타나지 않는 여러 가지 하자까지 확인할 수 있다. 예를 들면 법정지상권, 유치권도 현장에서 확인해야 하는 중요한 절차다.

추가비용을 감안하라

또한 경매는 예상치 못한 추가비용이 발생할 수 있음을 감안해야 한다. 간혹 경매아파트 입찰 시 감정가를 넘어서는 일이 있는 건 부대비용을 감안하지 않고 입찰해서다. 아파트 입찰 시 세입자 이사비와 관리비, 강제집행에 따른 명도비와 짐 보관비까지 충분히 부대비용을 감안해 되도록 싼 값에 낙찰받아야 배보다 배꼽이 더 큰 우를 범하지 않게 된다.

남들이 겁먹는 하자물건에 도전하라

먼저 지식을 쌓았다면 사람들이 지식부족으로 입찰을 꺼리는 경쟁이 약한 물건을 찾아라.

주택이 법원경매로 넘어가면 소유자들은 한 푼이라도 더 건지겠다는 생각으로 혈안이 된다. 경매 브로커들과 짜고 허위 임차인이 나타나기도 하고, 전세금액을 부풀린 전세계약서를 만들기도 한다. 상가건물의 경우, 공사업자가 공사대금을 받지 못했다고 터무니없는 액수의 유치권을 주장하기도 한다. 속고 속이는 한판 게임이 벌어지는 곳이 바로 경매시장이다.

그런 허위 냄새가 강하게 나는 물건을 보게 되면 사전에 확인하고 낙찰가가 계속 떨어지기를 기다린 뒤 낙찰을 받아라. 어차피 경매를 통한 부동산투자는 고수익·고위험 거래다. 이 세상에는 권리분석 후 남들이 무서워 덤비지 않는 하자물건만 골라 부자되는 사람들이 의외로 많다는 사실을 알아야 한다. 안전한 은행예금만으로는 부자가 될 수 없듯이, 부동산 투자원칙에서도 그대로 적용된다. 따라서 관련법규와 노련미를 갖추어 리스크를 최대한 줄여야 한다. 허위주장을 하는 사람들에게는 형사처벌을 받을 수도 있다고 협박 아닌 협박으로 "법앞에 하찮은 속임수는 발붙일 수 없다" 라는 진리를 알려라.

그렇다면 경매에 대한 정보는 어떻게 얻을 것인가? 경매정보지도 좋지만 지금은 인터넷 세상이다. 인터넷에서 경매부동산을 검색하고 수많은 경매제공 사이트들을 찾아보라. 시간이 걸리더라도 최대한 많은 곳을 방문하라. 그러면 길이 보일 것이다.

부자로 나이드는 재테크 60

초판 1쇄 인쇄   2004년 1월 12일
초판 1쇄 발행   2004년 1월 15일

지 은 이 박정일
펴 낸 이 성의현
펴 낸 곳 미래의창

등   록 제 10-1962 (2000년 5월 3일)
주   소 서울시 마포구 합정동 411-2 평화빌딩 3층
전   화 325-7556 (편집), 338-5175 (영업)
팩   스 338-5140
홈페이지 http://www.miraebook.co.kr (한글주소: 미래의창)
이 메 일 edit@miraebook.co.kr
      miraebook@miraebook.co.kr

ISBN 89-89353-58-0 03320

책값은 뒤 표지에 있습니다.
잘못된 책은 바꿔 드립니다.